U0034892

包租公筆記本

筆記本

2

張明義
蕭子軒
著

序言

「最剛開始的想法」是想「無中生有」一本書。

這個「無中生有」的重點有六個，分別是：
1.「資金」的無中生有。
2.「大綱」的無中生有。（出書Q&A與架構綱要）
3.「作者群」的無中生有。
4.「出版」的無中生有。
5.「分潤」的無中生有。
6.「新包租公人脈」的無中生有。

「結局」竟然又變成「超強作者」的「一人世界」。
但筆者認為這樣讀者應該可以學到更多，畢竟多人或數百人「淺淺的個別包租公」的「私人經歷」，可能無法造就成一種「架構性的深度」，又或者是「彼此有深刻關聯的說法」。

好在，在「廣告效果」上是有「達到所設定的目標」，這兩個議題或者是Google關鍵字上，不管是「包租公筆記本」或者是「零元包租公」，「這兩組字」或者是「兩本書的書名」都穩坐搜尋結果後的第一頁第一筆。

當然在「持續等待」的過程中，我也真的想多收集一些其他包租公的作品與文墨，無奈「事實是如此的無情」，不管是因為意願的問題，又或者是能力的問題，又或者是號召力的問題，筆者唯一能做到的是，督促自己個人不斷地往前發展，不斷地寫出可以令人滿意的文章。

剛巧，筆者的包租公老朋友經驗也剛好派上用場，因為他們的共襄盛舉與故事分享，讓筆者不至於「直接開天窗說亮話」或「宣布投降」；這也證實了「朋友是老的好」；新朋友則需要「更多的時間與耐心」，與更多「不確定」的「等待」。

包租公的構想

包租公的學習曲線

包租公業內能力

包租公的構想。

對「外」找五十個包租公「企劃案」

「想法」在「前」，「現金流」總是在「後面」源源不絕。

也可以說，「沒有想法」是窮人「窮」的主要原因，當然也可能是「想法」不可行。

接著我就帶領「聽眾」現場寫了一個企劃案，接著大家來討論一下到底可不可行？

企劃案名稱：「30萬找一個包租公，募集數量：50名」。

想法來源：「群眾募資」、募「資金」、募「作品」、也募「人脈」。

（現在的包租公與未來有潛力的包租公；財務自由、時間自由與想法自由）

筆者想在「beClass的活動官網」上辦一個活動，也就是找50個包租公，各寫一篇文章，最後編輯成冊，以PUBU電子書販售的方式，繼而將利潤分給所有的包租公，並且於事後「辦一個社群聚會」，或者是「辦一系列的社群聚會」，以酌收200元場地費的方式（或請包租公認養場地費的作法），以這種長期間的經營作法，最後把這一本書「賣到10萬本的水準」，接著每一個包租公就可以以每篇3元分潤的作法，平均每個人可以分到30萬元。

但辦這個活動之前，為了讓這整個企畫案「一定」可以成功的保證，所以最好的做法是找一個作品數量最多的包租公「我」作為起頭，這樣就可以確保這件事情可以在短期間變成事實。（就算只找到一個包租公

願意撰稿相助，也可以補滿到224頁的篇幅保證，未來還可以出版紙本書。）

其實在辦這個活動的「最原始構想」是，想發起一個「募集」讀者有關「包租公問題」的「問題大彙總」（由筆者統一撰寫與回答）；也就是說在預期未來的一年後，將會舉辦一場「未來包租公的社群聚會」，這個會議的主題由「所有的聽眾的問題」來決定，但為了確保所有的問題都有被解決，所以打算以出版一本「包租公筆記本（第一集）的作法」，同步出版一本紙本書與電子書，並利用「三個小時的聚會」，將所有的問題結構系統化，並以討論會的做法，創造「所有參與者」可以彼此互相認識的機會。

換句話說，這個活動也有「版本」的差異：
1. 版本1.0主要以募集出書的資金，以群募的做法來做公關與「預購」。
2. 版本2.0擬出外行人看包租公這個專業的問題結構與出書大綱列舉。
3. 版本3.0認識50個包租公人脈。
4. 版本4.0群募包租公的素人作家與分潤企劃。
5. 版本5.0線上活動與現下聚會整合的一系列活動。
6. 版本6.0線上包租公多采多姿的生活專訪系列Youtube影片。
（事實上坊間已經有了這樣的一本書，讀者在學習與閱讀過程中也不像我作法般自由，且沒有「高額會員費」的「限制」與「羈絆」。）

接著我們來「思考」所謂「執行困難度」有關的「問題」與「風險」：
1. 每一個包租公寫一篇「自動現金流的體悟」，是否有「難度」呢？
2. 有沒有可能「超過」50個包租公分享轉發他個人的心得呢？
3. 有沒有可能每天都有「新的文章」加入這個活動呢？

4. 寫得好或寫不好的包租公文章間是否有「改進的空間」呢？
5. 如果你是包租公，你願意參與「這樣有意義的活動」嗎？（風險卻是 0，沒有「金錢損失」，也沒有「時間損失」；沒有「得失」也沒有「時間壓力」。）

但可以確定的是：
1. 以後任何一個網民輸入「包租公筆記」，這一個活動網頁絕對是「第一頁」而且是「第一筆」被搜尋出來的內容。
2. 我是「活動舉辦人」，所以我應該有所有參與者的手機連絡方式與郵件信箱。（先有魚池的創造作法。）
3. 以後我將會有源源不絕的人脈，不管是作為「分享者的講師來源」，又或者是「想積極參與活動的聽眾」（200元場地費），甚至是「已購買過筆者紙本書作品」的「二十萬個讀者」（或百萬部落格粉絲）。
4. 這個活動網頁上會聚集很多個「包租公的智慧」，而且會源源不絕。
5. 每個「寫文章的包租公」都會推薦好朋友過來「點讚」與「發表高見」。
6. 幫助想學習「被動現金流」的讀者，積極學習。
這樣的「效果」，就是筆者所說的，有「想法」，自然會有「源源不絕」的「流入現金流」，也算是「先有魚池」的「積極做法」。

包租公的「五本好書」

包租公方面有五本好書，分別是：

1.「0元包租公祕笈」（PUBU電子書）。
2.「包租公筆記本」（PUBU電子書）。
3.「包租公祕笈（20個包租公要教你的66件事）」。
4.「百萬部落格教你月入百萬」。
5.「用小錢這樣做也能成為千萬包租公」。

我建議讀者用「標會」的想法，來體會「0元包租公」的作法，假如有10個人一起想買一間500萬的房子，那麼每一個人每次每個人就是出50萬就可以輪到有一間房子掛名的機會，其實這就跟買「共有法拍屋」（小吃大）的概念類似，只是這個「更有保障」。

只是既然可以出資一定的比例，那就有機會是某個人出得多，且另外一個人出得少，換句話說，如果有一個人出了象徵性的十萬元，是不是代表這個人可以從頭「參與」到「尾」，甚至可以以「時間」來代替出資，又或者以「專業知識」來代替「出資」，一樣可以分到「一定比例」的「現金流收入」。

底下是一個小李的案例，小李在「放無薪假」的日子裡，就跑去報名了三個課程，一個是法拍屋保證班，第二個是包租工保證班，第三個是財富課程，聽說小李在上課期間，每天身上都擺一隻密錄器，所以就因為分享這些錄音檔，認識了很多的朋友。

有一天，一群人想共同出資購買法拍屋，結果因爲小李的現金存量比較少，小李就建議採用「法拍屋代標服務費基準」（5%）來作爲自己的「額外出資額」，結果他們就共同買了一間法拍屋，競標價格約在200萬上下，小李的現金出資約爲10萬元，也就是總金額的5%，也就是說小李的現金報酬率約在10%左右（5%＋5%），後來因爲其他同學都在上班「比較忙」，就把後續的「代租代管」都「委託」小李處理，所以小李又多出了「代租佣金」一個半月，接著每一年又可以收到約10%的代管收入，也可以說小李在整個收入上已經超過20%的分配比例，加上其他同學相信小李，把「二個月的押金」暫時存放在小李身上，這筆押金約在10萬元上下，換句話說，小李就實現了「0元購屋」的「幻想」。（腦中計畫的「事實」實現。）

接著陸陸續續有些同學在「資金周轉」或「投資觀點」上出了「一點點的問題」（比「氣長」的世界，就是有人會比較「短視」），結果小李就以他「包租代管所增加的佣金」與「兩個月存放的押金」，購買其他同學在「這間房子的持分」（分配利潤的權利），接著沒幾年，小李就擁有整個房屋的所有持分（用產生的現金流逐比例購買）。

接著小李將這間法拍屋拿去貸款（幾年後），據銀行的估價是500萬，貸款可以貸出八成現金，小李因爲「暫時」沒有什麼特定的投資計畫，就跟銀行簽了一個「400萬的理財性貸款」，也就是說小李是「現在隨時可以拿出400萬現金的有錢人」；也可以是「隨時賣掉房子取得500萬現金的有錢人」。

小李說，他之所以會「積極上課」的原因，就在於他看過上述的四本好書（「買書小錢」是「第一筆對自己的投資」），讓他毅然而然地以「分期付款的方式」來學習這些所謂的「操作細節」（「昂貴上課費

用」是「第二筆對自己的投資」;「昂貴不貴對比於之後獲利」),甚至是有機會來「認識這個人脈」(都是出了大錢學費的同學),接著他才有機會可以「用10萬元」來成就他的「第一個購屋夢想」。

他說,他也是在「這個時間點」才體會到,財商講師說的「第一間買屋千萬不要拿到自住」的「最主要原因」(屋奴產生的原因),要是「用來產生**額外現金流**的第一間房屋」。

接著因為這個「踏實的五百萬現金儲備金」,讓他毅然而然地去「挑戰」那些「非22K的工作」,也從此在職場上有更為傑出的表現。

最後講一個包租公「慘遭套牢」的故事,有一個包租公叫做小劉,剛開始他嚴格遵守「產生現金流入」的「包租公法則」,後來因為賺了一點錢,就把旗下這些一房與二房的產品都賣掉去「搶」了一個150坪的豪宅,剛開始買到的時候是非常開心與興奮,可以沒過「幾個月」,這些「貸款的壓力」把他「壓得無法透氣」,原因有四:
1. 「淨現金流入」被轉換成「淨現金流出」。(一房產品很好出租。)
2. 「逐步的變現能力」被轉換成一次性的高難度變現能力。(多間兩房產品容易逐步出售,可以被賣在不同階段性的價格。)
3. 豪宅的租金報酬率很低,且不容易出租(卡在租金的玻璃天花板。)。
4. 豪宅的貸款成數受限,導致現金被卡死。

聽說,如果以實價登錄的每坪價格來看,他應該已經損失了兩三千萬了,後續還有可能面臨被法拍的可能,這就是學習不到位所必須付出的代價。

第3課

「不想付出代價」就不是「眞的想要」

「不想付出代價」就不是「眞的想要」，也就是「只是說說」，「上蒼」對於「只是說說」的這一群人，只有一個「答案」，也就是「什麼都不會」。

（包租代管確實是一個很實用的專業知識。）

我想分享一個「觀察」，我其中的「一個家」旁邊剛好是「以前的舊里長」，從他年輕的時候開始打「雜工」，慢慢地也變成很幾家裝潢公司的「頭家」（老闆且是老人），但我想分享的是他底下的一個「工頭」的故事。

老實說，他應該也不算是「工頭」，但有一個重點是他每天都有「出工」，這在水電工人群當中是一個「很特別的現象」，當然這個過程中，我也看到他的「轉變」（「老狗學不了新把戲」的「相反」）。

先來講我初期對他的印象，非常不符合「台語」中所說的「湊手腳」的概念，也就是他的「話很多」，「點子」也很多，「結果」有「一段時間」他就「消失了」；後來他再出現時，他就是一副很聽話的樣子（可交代可信任的樣子），還有一個重點是他什麼都做，也再也不「嫌東嫌西」地只出「一張嘴」，所以經過了好幾年，天天都有看到他，這裡的重點是，其他人都在「變」，也就是不斷有新人來換新人，其「象徵意義」就是「每天都有舊人沒有工可以出」，雖然他們的工程越做「越多」，也越做「越大」。

剛巧我有一個好朋友，也是做這一行的工作，幾十年的經驗後竟然還找不到一個所謂固定的配合對象（工班或工頭），這一陣子更因為自己「私自接案」包了一整棟全棟「LED換燈管的工程」，傷腦筋的告訴我，拜託了兩個月，還「買」不到一張發票（或請不到一張發票，或借不到一張發票）。

這一陣子，又以一個有室內配線乙級與冷氣空調證照的身分去幫某一個新配合的工班「打」地磚（拆除工程與清運廢棄物），累了兩天，接下來「也沒了」，他說原先對方號稱有五個工地同時啟動，還在擔心「叫不到工」，此刻竟然是音訊全無，真的是一個吹牛的包商。

結果有一天，這個好朋友竟然說他很羨慕我「過這樣的日子」；他說他也「想」做包租公、他也「想」學英語、他也「想」買法拍屋、他也「想」回學校在「讀碩士班」；甚至在最後下了一個結論是，如果他生在我的環境，他也可以「自然地」變得跟我一樣強（或甚至比我更強）。

我說如果你「真的想學」，我也很願意「教你」；但我必須「強調的一點」是「學生就要有學生的樣子」，「謙虛一點」可能比「倚老賣老」好；今天要不是有「我這個朋友」，你一輩子可能「都學不會」；至於你所說的像我一樣「插班考上日間部大學會計系三年級」，給你十年都不可能；更不要說是國立中央大學資訊管理研究所；這跟父親是「誰」無關，跟你「這個人」有關，其實你是一個「很難相處」的人，難道你自己「不知道」嗎？

「想」這件事情「誰不會」，誰也想做郭台銘，可是你不願意付出「代價」，不願意「花時間」，也不願意「擔風險」，沒有「學習力」，又

不知道社會的「現狀」與「趨勢」，你當然什麼「都不會」（除了做水電工人的這一塊專業以外）？

其實看一個人的「時間安排」，就可以推算出一個人的「未來」；看一個人願意「付出代價」的「決心」，就有可能知道這個人「未來」有什麼「出路」；看一個人對一個「投資企劃」的「專注程度」，就可以看出一個人在未來有多少潛能；不會善用老朋友「資源」的人，當然註定是「老殘窮」，還有其他的「可能性」嗎？

在跟他吵架的「最後一天」，我告訴他請「先」看完「2本書」全部（《塔木德》或《聖經》）吧？跟看完20萬本書的人「比智商」，不是「很無聊」嗎？（以「結果論」，我就是父慈子孝、兄友弟恭、夫妻相敬與兒女品學兼優；比財富太俗氣；門當戶對又太遠。）

如果他的人生閱歷（筆者曾是多家上市公司的一級主管）與閱讀經驗（學霸非空專）都不及我的十分之一，我「也」不是很願意「繼續」教他這個朋友，畢竟君子之交「淡如水」，在「幫到他」之前，我可能早就「被他氣死了」（我想要的「好處」應該是一般人「給不起」的；朋友多如山。）。

既是「孽緣」，何須再「圓」；其實我是有付出「風險」與「成本」的，只是有人「自以為是」，且沒有掌握上蒼特別給予的機會，這就是327萬賣出且以155萬成本的「令人扼腕龍崗工業區外家樂福旁經驗」（彼此共同經驗）。

PS.

這一篇文章其實是寫給「老朋友的第三個兒子」看的，我不希望「上好西裝料」給剪成「一塊一塊的內衣穿」；我希望他可以學會「致富之道」，而不是「夜郎自大」（或「井底之蛙」）；好朋友真的「很難當」。

準備一筆「利息」

準備一筆「利息」，講的是「長時間的一筆利息」，這可以讓「投資者喘息的時間」。（本金可以跟銀行談，也可以跟買方談；「利息」是「一段經驗」的代價。）

換句話說，如果「租金收入」可以拿來「繳清利息」的話，「這筆支出」就可以不用去準備；如果租金收入可以拿來繳清利息與本金的話，就可以不用擔心寬限期展延的問題；如果租金收入可以是利息支付的兩倍以上，就可以不用擔心銀行升息的問題。

如果「租金價差」可以在「一年內」抵付掉「所有的軟裝修與設備支出」，那可以肯定的是未來四年只有「賺多賺少」的疑慮，換句話說，如果沒有租金價差或者是無法簽訂長租約的話，就代表沒有「二房東的投資價值」。

我有一個朋友叫做小強，他就很善用以「利息價差」來成就他個人的事業，他認為跟銀行貸款有四個重點，分別是：
1. 不同銀行有不同的利率要求與寬限期限。
2. 同一家銀行在不同期間有不同的估價與成數。
3. 不同銀行間有不同增貸與轉增貸的收費方式。
4. 不同銀行間有不同的估值與市價的認定方式。

小強提到他在房地產景氣好的時候，如何以買空賣空的方式，來成就自

己的第一桶金。

他說，他一次買預售屋就是挑三戶（潛銷期），把原本準備買中古屋的三成自備款，拿來繳少少的預售屋定簽開的期款，也就是3%-3%-4%，這樣三間剛好就是30%的自備款，接著這一年就將紅單轉讓賺進來50萬，接著第二年再將第二間的紅單轉讓賺進來100萬，接著把這兩間預售屋所賺進來的錢去繳第三間預售屋的自備款，也就是八成銀行貸款後的兩成（定簽開後的一成）。

接著將「實品屋」出租出去（先挑好一間實品屋，拍好照片），一旦有房客「承租」，才開始「點交預售屋」，也就是完成「租金開始抵繳利息」的「無縫接軌」。

小強說，也就是說「最前面的3%訂約3%簽約4%開工款」，他一開始刷的就是信用卡，接著跟很多朋友「短期借貸」，並承諾支付一定比率的利息（利率價差），接著就透過紅單轉售前兩間「獲利」的模式，去累積第三間的「自備款」，他說這就是他「零元購屋」的構想。

接著他會拉長寬限期只繳交利息的做法，不斷「展延」，最後除了以租金繳交本利以外，還會把預售屋賣掉以賺取買賣間的差價，他就是這樣累積他人生的第一桶金，也就是第一個五百萬。

除此之外，小強還會把「這一間預售屋租賃」做成「四個事業階段」，分別是：
1. 拆掉門，免費給其他房東參考室內裝修設計與費用預算，讓房東聯繫他。
2. 當主委，希望其他住戶可以將「預售屋」委託給他「包租代管」。

3. 觀迎裝修款「最低價比價」，建議其他房東把後續工程包給他施作。

4. 做成最大的包租品牌並收取加盟授權金比例收入。

小強說，這第一筆五百萬，賺得比他兼四份工作20年所存下的薪水還多幾十倍，時間還更短（10年做牛做馬）；他父母雙亡，也沒有富爸爸可以依靠，純粹是看到一個「日本教授」當包租公的前例，讓他想在人生地不熟的台中，做出一番事業，沒想到可以在30歲之前退休（短期間內創業成功），擁有五個不同的事業體系。

他說只要問過「上百家不同貸款銀行」，在「不同期間」與「繳款設計」下，就有機會以最少的自備款，最長的貸款期限加最長寬限期，最高的成數，最高的估值與最低的利息，最後達成「全貸」與超貸的夢想，並用「租金」來繳交「貸款本息」，產生「流入的現金流」；也就是「借越多」「現金流進來越多」的「雙贏局面」（「賺到租金」也賺到「買賣差價」）。

PS.

1. 「利息」才是「事業的代價」，「本金」不是。

2. 「一百間套房的包租公」與「一間的包租公」是「不同等級」的生活。

「風險」的「反面」

根據富爸爸的說法裡，除了要善用其他人的錢（OPM）與其他人的時間（OPT）以外，還有最重要的一項講的就是其他人的教育（OPE），這個重點就在與風險的管控與時間現金流的掌握，換句話說，如果風險管控不好就是失控，其實也就是等於專業知識不足。

筆者曾經遇到兩次有影響力的例子，一次用在與某家客運公司周旋，「拍賣掉」對方三台的客運汽車（本公司負擔拍賣費用），雖然對方每一台都設定有高額抵押（拍賣無實益，但我方願意拿不到錢還願意負擔這些費用）；後來我也找上了這個抵押權人（名人怕狗仔），告訴他「假債權」這種官司所可能導致的「社會新聞」爆炸效果；後來我們公司就真的拿到欠款，算是唯一一家官司打贏而且真的有拿到現金的「受害者」。

另外一次，用在於跟「租霸」周旋鬥智的過程，一般的租霸總是認為我就是皮皮地，您可以奈我何，我就是要跟你拖超欠過十個月，就算官司打輸，你房東也不能怎麼樣？（剛開始自己處理，後來委託給二房東自行處理。）

其實遇到這種案例，基本上大多數的房東都是「息事寧人」，也有更多的例子是房東出「搬家費」，又或者趕快「退回押金」請對方「盡速搬離」（搬離後馬上換鎖），當然我的作法也不例外，誰有那一種閒工夫跟「窮鬼」耗？

可是如果真的遇到「吃人不吐骨頭」的「租霸」，我個人也會請律師跟他玩一下，從對他的薪水與信用卡的假扣押與假處分開始玩起，同時也針對他的「保證人」開始同步執行「強制執行」與「法拍房屋」的動作（「先訴訟」就上了對方的當；當然是先保全處分，訴訟債權才得以保障），就是要「告訴」對方，「時間」就是成本，如果對方打算玩兩敗俱傷的遊戲，這個銀行扣款與上班公司扣款的動作，就會陪他「一輩子」（搞不好從此不可以用信用卡，這個影響算是不小的威脅。）。

後來有朋友針對這一件事情跟我請教，我笑笑地說，這也就是我為什麼喜歡租給「上市公司」上班族的原因，如果我的房客的工作算是「不穩定的服務業」（保全業），又或者是一般沒有固定底薪的「勞務業」；我就沒有辦法這麼「強勢」，就算是他有「十個」保證人，如果每一個人都像他一樣，既無存款，又無固定資產，加上工作不穩定，那麼一開始就不應該租給他，以免後患無窮（否則就是從繼承下手）。

但大多數的情形，也都是「高高舉起」「輕輕放下」，只要對方知道自己錯了，肯認錯，我們最後也會簽署「和解書」，一筆勾銷對方所欠的債務與損失（沒錢就算了，下輩子還你唄～）。

所以有的時候，聽到外面一些「搞笑」的包租公講師提到「租賃棘手問題」，像是：
如果房客「消失」一個月怎麼辦？
又或者是房客「出國」了怎麼辦？

我心裡都會「竊笑」說，這代表房客「很有錢」，既有「狡兔三窟」，又有充沛的資金可以四處遊玩，這種「不愁」「要不到錢」的房客，根本就不用擔心，但也可以透過下一年度「調高租金」的做法來懲罰他，

否則「大不了搬家」（換下一任新房客），有問題的房客就是永遠會帶來新的問題，寧可請他走人，也不要花費心神跟他「玩鬥智的遊戲」。

其實大多數的房客只要第一天「遲繳」後，「包租代管公司的收款員」就坐在他的租屋處等他個二十四小時，他絕對不敢「遲繳房租」；畢竟他的反應動作與準備動作不會這麼及時（搬家也需要時間準備），他也沒有不上班的可能；但如果真的不上班，當然就是馬上請他離開，免得夜長夢多。（這就是宅男與學生的可怕之處。）

萬一「包租代管公司」的租賃契約「簽得好」的話，接著「全程錄影」（手機飛航模式），並透過「第三方物業管理業者」打包的話，請問房客又要根據哪一條民法來打民事訴訟官司呢？

也就是說，所有的「風險考量」都可以在「充分專業知識」的準備下，變成「可以控制的風險」，而不會變成「控制外的風險」。

這就像是某個「包租代管業者」（二房東）「最容易」跟我講的話，也就是「如果要關，關我又不是關你」，你有甚麼「好怕」的呢？

這應該也算是「包租代管」的「好處」吧！

PS.
「花錢買保險」就是類似的概念（「二房東」的「包租代管功能」）。

第6課

「買房與租房」的「兩個階段問題」

年輕人很喜歡爭論到底是「買房好」或者是「租房好」？

其實這個問題是「三個問題的組合」，分別是：
1. 買第一間房最好以淨現金流入為「優先考量」。
2. 租金以「低於自住購買20年貸款本息為上限」的「租金標準」。
3. 何時「計畫買屋」的「考量」。

也可以說，為什麼第一間房暫時不要以「自住」為考量的原因有四：
1.「買不起」的問題。
2.「住不起」的問題。
3. 家庭生命週期「不穩定」的問題。
4.「工作不穩定」的問題。

如果以年輕人「支出能力」來看，「一個套房」應該是最小的支出考量（進階版是一房一廳），如果以「未來好賣的觀點」來看，「小二房」應該是最容易賣得出去的產品。（小套房不易貸款也需要考量）

接著如果這個年輕人「很有實力」，可以試著「兼顧到照料父母與兄弟」的所得水準，可以用「下列的組合」，也就是：
1. 同層中的一大一小，也就是兩房加上一房。
2. 同層中的二大或兩小，也就是兩個兩房或者是兩個一房。

這種組合在新個預售屋推案中，給了這種同層「一大一小的組合」叫做「兩代宅」，也就是「小的一房」住「年長父母」，「大的兩房」住一個新的家庭，不管這兩房住的是情侶檔、兄妹檔、或者是夫妻加未成年的小孩，都是「不錯的組合」。

如果這個年輕人實力很好，可以買兩個兩房，一間自己住，另外一間給父母住，又或者是跟兄弟姊妹住在附近（順便收點租金則是更好的選項）。

最後的一個考量是「所謂的工作穩不穩定的問題」。

如果一個年輕人新「工作不穩定」，不管是「地點不穩定」，又或者是「升遷不穩定」，又或者是「出差地點不穩定」；這個時候絕對「不能買房」，因為這個時候，買房絕對是一個「負擔」，甚至是一個用不到的負擔，尤其是萬一沒有工作，這個貸款本息可是會把一個年輕人逼到絕路（或銀行「調升利息」）。

筆者就曾經在網路上看到一則新聞，一個年輕人一開始買就買在「工作地點」附近大坪數的豪宅，也可以說是大坪數的新成屋（一個人住又太大），結果後來被迫「放無薪價」；可想而知，在「被放無薪價區域」的「新房子」一定是「無人接手」，而且很有可能的是「這群無薪假且住在當地的員工」都打算「賣掉房子」，接著很有可能的是因為「無薪假」（沒有新進員工）導致房子出租不出去，最後形成「多殺多」的「無限下修」結果，

另外的一個例子則是較為正面，主角是某一位「資深編輯」（短期間「升遷」主編也無望，因為年紀相近），因為工作穩定的關係有存下來

一筆錢，結果訪問客戶的經過，看上了一個絕佳地點中的房產，只可以離他現有的辦公室太遠，結果一轉念，爲了滿足這兩個條件，他開始「騎驢找馬」，開始應徵這間房子「附近」的工作機會，最後竟然在某一個地區性的公司擔任「公關廣告主管的位階」，在薪水相差不大的情形之下，同時滿足了「辦公室交通與居家位置接近」的「置產要求」。

也可以說，讀者在「買屋」之前，一定要常做以下的「幾個練習題」，分別是：

1. 「看100間房屋」後才決定「買你的第一間」（最好是可以出租且產生淨現金流入的房屋）。
2. 「試算」與「預算」每一年的「淨現金存量」與「改變」。

利用「房貸試算工具」，事前了解「未來每一個月」的「買屋負擔」。

課程多樣但跟「包租公」有何相干

我覺得聽眾在看東西的時候，常常因為「缺乏主見」，所以覺得「多就是好」，可是卻沒有回來問一個主要問題，就是「這跟包租公有何相干？」。

有一次，筆者參加一個「課程講座」，看到所謂的課程大綱，「感覺」上是非常「豐富」（費用更高），可是我問「其他的包租公」說，這跟包租公有何相干時，這些人才突然「大夢初醒」的說，「我們的**出租套房**裡都沒有這些東西」。

像是：
1. 廚房計畫與客廳計畫。
2. 新成屋的格局規劃與隔間材質。
3. 預售屋的購買流程與議價技巧。

換句話說，如果是「已經是包租公的這一群人」說，「這些課程」與包租公無關時，這就不會是「學習」包租公的「捷徑」。

筆者曾經聽過某一個「Youtuber網紅」提到，她對自己「唯一」而且是「第一間」的包租公物業是非常地「挑剔」，她希望她的套房的每一間隔套都「沒有採光」的問題，所以他挑了一個「單棟」有棟距的「中古屋」，而且是四方型的中古屋（四樓也較便宜），重點是「走道在中間」，所以坪效最高（走道最短），每一間租金也都能達到當地區域的

「最高價錢」，所以她看過了上百間的四樓公寓，才選到這一間（一開始就「非自住需求」）。

雖然是短短的一句話，這中間有幾個「重點」，分別是：
1. 非長形併排的四樓公寓。
2. 四樓比較「便宜」，也就是投資報酬率的分母最小。
3. 「隔間」後，每一間套房都沒有暗房，所以報酬率的分子最大化。
4. 「走道的面積」最經濟，也可以說每一間套房面積可以衝到最大。
5. 能夠產生「淨現金流」才買，不能產生「淨現金流」不買。

如果就這些內容跟「上述的課綱」相比較，各位讀者就可以發現底下的四個特點，分別是：
1. 「套房」中沒有「廚房」與飯廳的「規劃」與「動線」。
2. 「預售屋」沒有「多間套房」的規畫可行性。（預售屋也無法產生淨現金流。）
3. 「新成屋」有管理委員會，沒有「合法隔套的空間」。
4. 包租公買的不是「已隔套好的出租物件」，而是「未隔套前的中古物件」。

換句話說，又回到「包租公的報酬率準則」，也就是「好地段中的爛屋況」（預售屋不可能爛；新成屋也不會屋況不好），因爲是「好地段」所以「生活機能」完備，是「人人想住在附近的地點」，也因爲是「爛屋況」，所以才可以殺出「打折價」。

也可以說「舊屋主」有可能是沒有能力可以解決這個問題，不管是自住的舒適度，又或者是出租已產生現金，所以才會想要出售換成現金，而且是越快越好，所以這才有包租公低價買入的空間，從而做高投資報酬

率。

換句話說，如果「課綱」中有「預售屋」，這應該就跟「包租公」無關，甚至跟「傳統的包租公致富途徑」無關；所以「想上課的聽眾」一定要「想清楚」，否則很容易是「賺不到租金」而且又「賠掉了房價」，既損失利息同時也損失本金的「雙重傷害」。

這就是爲什麼筆者在提到「包租公專業」的過程中會花「那麼多的篇幅」來講述「漏水專業」的原因，「目的」就是說明「最爛的屋況，其實就是漏水屋」；最爛的屋況不是凶宅，因爲凶宅無法可治；最爛的屋況，也不是法拍屋，因爲「有很多法拍屋的屋況」還是「十分漂亮」（「跑路」的「有錢人住」的「新成屋」）。

PS.

漏水專業好書有兩本（作者張明義），一本是《防水查漏獨講堂》（博客來網路書店），另外一本是《漏水怎麼辦》（PUBU 電子書，市面上買不到）。

一個上司的「難題」

「包租代管」雖然是一種「持續性的學習」，可是卻沒有「一個上司的難題」。

在我當「作家」之前（附帶身分是包租代管），其實我有過十幾個上司經驗（上市或外商），但「每一段長時間內」卻只能有「一個上司」，對我來講是個「難題」（長時間讓某一個人百分之百的滿意）；因為他可能「喜歡」你，可能「討厭」你，可能是「有理由」的訓練你，甚至是「沒有理由」的修理你，這一段時間內你都無法改變（薪水也不會增加），當然你也可以讓他付出代價（只要你夠強）。

我的做法就是「離開」（死士不為懦夫愚行而戰）；但每次離開後「巧遇以前的上司的上司」或「以前最高上司」（他們是我的聽眾或者是學生），他們幾乎都會說「讓我離開是公司的損失」；也許讀者認為這是一種「客套話」，但如果可以想像到我會多少種技能（其實是賤價出售），各位就可以想見「如果有人要取代我的工作」，需要「多」聘請多少人才可能達到所要求的效果（一樣的效果），當然這還包含「那些可以用錢也請不到的能力」（開不出這種人力需求）；以敝人我在土地開發處內執掌的工作而言，「成果」就接近了十一本書（博客來網路書店有售），也就是包含預售屋、物業管理、建築團隊、土地開發與大型土地租賃與招商、弱電系統與漏水防治；更不用說我在資訊管理方面對「幾乎全部軟體」都可以「駕輕就熟」的能力（連程式都自己寫），還有很多同事都是透過我購買「軟硬」體（安裝與教會他們），甚至是我

代表土地開發處得到「連續」四年的提案改善與品管圈的「冠亞軍」。
（我是「約聘人員」每年都可以領到特別獎金中唯一的一位；就跟2020
年電影無雙木蘭中的花木蘭一樣，只能打先鋒赴死，無「功過」可表，
也無「官位爵祿」。）

至於更早的一家公司必須因為「我的離開」，必須「放棄」IBM系統、
Unix與Novellow跨平台連接的資訊管理系統，因為「其他上司」與
「同僚」書讀得太少，加起來可能還遠不及我的十分之一（買電腦書需
要很多錢，加上很多書都沒有翻譯版本，原文閱讀能力也要很強），所
以最後「只能」決定資訊系統「外包」，付出了「無法挽回的代價」，
這都是幾百萬幾千萬的金額，而且是「一進去就無法退出來」，這個是
我「絕對不會做的愚蠢決定」；當初我在公司時，我的格言是，「只要
你想得出來，我就寫得出來」，甚至你搞不懂的，我也可以寫得出來，
像是「管理會計裡面的作業基礎成本制」（ABC），又或者是「趨勢
預測時間序列的預測建議」；重點是國內的ERP系統中根本就沒有這兩
個選項，在此證明，「錢不是萬能」，這些都是最高主管必須付出的代
價，當然也解決了我「一個主管的難題」。

對比於「一個主管的可怕世界」，「包租代管」這個是一個「彼此互相
敬重」的世界，而且是「一對多」的世界，換句話說今天有「一百個大
房東」，又或者有上千個小房客，對一個包租代管的業者而言，每一個
所謂的上司都可以「被替換」，而且可以「優質地被替換」；換句話
說，假設你的服務能量只可以服務50個大房東（減一半），你就可以叫
另外50個大房東「捲舖蓋走入」，就像百貨公司內部的「奧客名單」
（整個旅館飯店業也有奧客名單，跟聯合徵信功能差不多。）。

這裡面牽涉到兩個重點：

第一個重點是，「包租代管」還是個藍海世界，也就是說如果你經營超過兩個大房東，其實你的薪水可能就超過一班上般族主管了薪水，也就是說如果以包租代管業每個人管理客戶的平均值（50人）來看，你還可以開除另外的四十八個無緣的大房東。

第二個重點是，我講的是「被修理的頻率」，也就是說「大多數的大房東」都比「二房東這種小資產階級的人」（包租代管業者）要「忙」很多，所以如果繳租正常且沒有火災意外的話，五年可能就只有簽約的哪一天「見得到面」；反觀一個不理性的主管（坐在你旁邊「盯」你二十四小時），可以在一天內給你下達二十幾個不同的命令（甚至是互相衝突的命令），接著就等你發生「過勞死」的慘劇（施工工地「高梯」跌下來就死掉，筆者遇過兩次，在當務業經理與總幹事期間）；想一想就知道，一年有三百六十五天，再乘以二十，一整年就有「7300」個煩惱與不愉快，這些可都是「別人隨口說說的人生目標」（付薪水買了你的時間），那「讀者你的人生目標」自然就被擠到「看不到的角落」，從此看不到「妻子的笑容」，「早出晚歸」也看不到「孩子站起來的高度」，甚至忘了「你自己是誰」，在「人生」上又具有什麼意義？（等退休嗎？「再十年」就是「七萬三千個憂鬱症」。）

我的建議是，與其「等退休」，不如改變退休的「規則」與「定義」；「包租代管」這個副業就是「一個不錯的選項」。

PS.

萬一「真的」做不到，可以告訴自己，您曾勇敢地「嘗試」過；但沒有Falling Forward（英語有聲書，在網路上非常有名）。

當包租公的「潛能」

如果一個人「提議」一件事情，結果「對方不同意」，這個人就沒有包租公的潛能，指的是提議的這個人沒有潛能。

如果一個人「提議」一件事情，這個提議內容顯然對於對方比較有利，結果「對方不同意」，代表這個人沒有包租公的潛能，指的是被提議的這個人也沒潛能。
（擇友是一生最重要的事，多數的逢兇化劫都靠此招。）

上述的觀點就是「我的時間效率高」的原因，我善於「觀察」也樂於「跟有包租公潛能的人」交朋友，就是因為我的時間「很少」，所以我必須更於精選朋友；各位想一想，如果您是有十萬讀者的作家，有二十本出版的著作，加上又是個百萬部落格主，請問您如果每一個人都問你問題，您一天只剩下多少時間，大多數可能也很少遇到那種一問就可以問兩個小時攔路粉絲，我卻真的遇過，但如果這個人真的有當包租公的潛能，我還是真的願意陪他兩個小時，幫他解決所有問題，但如果不是，那真的是很抱歉。（但如果這個人是嚴以律己、寬以待人的人，又或者是可以推及及人且具有高同理心的人則是另外一個境界的待遇。）

「大多數的人」是凡人，「我大多數的時間」也在於一般人的水準。

老實說，我曾對那些可以通過出版社與補習班「層層封鎖」卻還可以聯絡到我的讀者感到驚訝，有時候我也會模擬這些角色，畢竟我也可能是

某某作者的粉絲，又或者對某一個領域深有不及之處。

所以有時候，我也會想一下「如何展現我的潛能，當我還是菜鳥的時候」。

但因為現在已經是小有知名度之人，加上我的領域也比較有趣，所以有的時候其實打電話問幾個朋友，幾乎都可以直接跟對方在電話聊個幾個小時，這跟朋友的朋友六度空間的概念類似，也可以說問六次理論上就可以直接聯繫到對方，基本上有錢人的世界是一個很小的世界。

現在我們就來談幾個「失敗」的例子，但也請讀者們「模擬」筆者的角度與觀點。

基本上我不太玩「社群媒體」，所以也很少Line來Line去，結果有一天，有某一個人傳郵件要我加入他的Line（或者要我加入他的face），我的感覺「就是每一天都會有人做這樣的要求」，所以一律是已讀不回處理。

接著某一些比較聰明的人（但還稱不上具有包租公潛能的人）會試著在我發表的文章下面「叫版」，也就是「俗稱的踢館」，希望以「不打不相識」的傳統做法，來達到「以戰逼和」的「朋友境界」，這些人基本上也沒有達到他們的目的，因為作者一向主張多元觀點，也可說「分享」本就不是一種「肯定的宣示」，所以也不會有「異類相斥」的「群體論戰」。

後來因為筆者有舉辦一些論壇活動，免費討論的包租公論壇，所以就會有很多的讀者上來問很多有關於活動的問題，這些算是更為高明的一種

作法，只可惜「問題設計」得太差，怎麼看都可以知道這幾個讀者，想透過「繞路的做法」來跟作者做最親密的朋友（重點想這些免費的活動都繞開，就像不聽演唱會的粉絲一樣），後來筆者還是針對他的問題，行禮如儀的回答，透過活動平台的方式回答，所以彼此都「浪費」了一些時間。

最後，筆者想說的是，既然我有這麼多讀者終於可以成為我的好友，彼此可以一起喝咖啡請教問題，我也剛好有機會可以成為某些我眼中巨星的粉絲，這些手法「加起來」足足可以寫成好幾本書了，可見「具有包租公潛能的人」並不會是一件很困難的事情，也不具答案的唯一性。

對一個「具有包租公潛能的人」而言，這世界上沒有「做不到的事情」，而且「這一件有求於人的事情」還可以「做得很漂亮」，讓「那些唯一可以幫你的人」（多階段與多面向）都會來「搶著」給你意見，想盡一切辦法來幫助你。

增進「這個能力」是不需要「任何成本的支出」；只要找一個安靜的地點，拿出一張白紙，靜靜地寫三個鐘頭（不做其他事情），你就可以「找到認識任何人」的方法（淺認識或熟識則又是另外一個議題。）。

每一個人「付的代價」都不一樣

有一天有一個好友的兒子來找我，請我看在是我「老朋友」（他的父親）的面子上，請我教他一個技術，也就是「如何解決漏水的問題」。

本來我是不想理他，但看在他父親的面子上，我就跟他走了一趟，處理他所稱的漏水問題，後來發現我被「利用」了，原來他處理的是別人漏水的問題，他從中賺了一筆工錢，但他不想讓我知道。（但事後我想這真的也沒有「違背」塔木德「無中生有的精神」，如果這真的是他的第一桶金，其實我也很願意幫他這個忙，畢竟把「腦筋」動到我身上，代表這小子有「眼光」。）

這件事情讓我回想起，小時候曾有一小段時間住在親戚家時，也發生過「漏水問題」，現在想起來的以前作法發現，自己那時真的是很笨（小孩子資源有限），既不懂得使用好的工具，也不知道購買好的防水材料，更不知道雨天有雨天的防水作法，晴天也有晴天的防水做法，更不懂得兩階段複合型防水，也不知道「點、線、面」各有不同的防水做法；唯一會使用的兩招就是「室內擺水桶」與「室內穿雨衣」的「雨遮導水」做法。（也就是說，只要您懷疑水從哪裡來，我們就治哪裡，一直到所有的懷疑都會處理完畢。）

至於我怎麼學會漏水有關的技巧，我也是付出「很多的代價」才學會的，只是我的代價「輕」到一般人無法想像，就像我知道我有一天一定會是包租公一樣，我認為包租公一定要學會「漏水處理」的相關技巧。

我當初的「做法」有三（付出代價的方式），分別是：

1. 請「建築工地」防治漏水的師傅吃晚餐，這種性情中人三杯黃酒一下肚，就連老爸都可以賣給你，這種作法最快。

2. 擔任總幹事期間，串聯「其他所有總幹事」，一等到有防水廠商報價，不僅要請假去聽簡報，而且要「親臨施工現場」，從頭參予到尾。

3. 主動認識「包租代管的監工」，用幾包檳榔與幾包香菸，有時候就是送幾分雞排，這些好人在有這個工項施工時，就會打電話給你，多看幾次，你就會具備防水施工的基本概念。

這種情形，就像是如果你剛好認識防水材料進口廠商（刻意去認識他們），當他們有一些新代理的防水材料，先以低價賣給你當作促銷品用的時候，我就趕快用line傳出去，希望我的一些包租公朋友們可以把一些「漏水問題屋」介紹給我，接著我就用「對賭」的方式，賺這中間的差額；其實我的目的只是在測試這些材料與工具，一旦我的目的達成，我就再也不會接受委託，而且我也不做大面積的防水工程，畢竟我也不是防水查漏工程「施工廠商」。（治漏與全面防水不同）

也可以說，我的「處理速度」就是「快」，而且是「馬上」就可以「處理」好；可以是「暫時解決」，也可以是「永久解決」。

有一次，我的一個包租公朋友的套房出現漏水現象，一來找不到查漏水的廠商（想坑你的人比較多），二來防水施工廠商需要「大晴天」才可以施工（用痛苦來榨更多的錢），三來「房客在現場快要瘋了」（時間很急迫）；所以他打電話給我，他說我「開價」多少錢都可以接受，就算是我到現場沒有辦法處理問題（不可能的假設），他也一樣給我錢，他給我算是一天的工錢多一點，也就是直接先從「微信」打了五千元給

我；所以我就帶著工具與材料「搭計程車」去處理這個漏水問題，後來我花了5分鐘爬上了暗架天花板，接著玩了10分鐘就爬下來說，「這個漏水問題算是暫時解決了」；可是等天氣晴朗後，我們還需「後續處理」，結果我介紹漏水廠商來給他打幾針，又另外收了幾萬元的防水工程費用；我想說的就是當你多懂一些專業技術時，你不僅可以「解決自己的問題」，也可以「解決其他人的問題」（重點就是「快」，不用「輾轉難眠」也不用「徹夜等待」。）。

基本上房客的問題有兩種，一種就是「水電與設備的問題」，筆者有室內配線證照，另外一種就是「漏水的問題」，筆者有相關的著作兩本（《防水查漏獨講堂》紙本書與《漏水怎麼辦》電子書），這就是我當包租公之前「所付出的代價」；當然「每個人付出的代價」都「不一樣」，讀者自己也可以創造出「自己願意付出的代價」，來取得「源源不絕的被動收入」，讓自己走向「財務自由」與「時間自由」之路。

PS.

請各位想一想，如果「基地開挖」中「地下室工程」中的「地下湧水問題」都可以被解決，「房子的滴水」又算得了甚麼呢？

「所付代價」的設計

「學東西」需要「付出代價」,「不想付出代價」就不是「眞的想學習」。

重點是「每一個人所付的代價」都「不一樣」,換句話說,「代價」是可以設計的(兩個方向的設計;資金流入與資金流出。)。

我在年輕的時候,有一段時間內,我很喜歡跟好朋友去承租那種「三房一廳的中古屋」,初期只是爲了有「更大更享受的空間」,後期才開始有所謂「二房東的作法」,也可以說,早期是以「舒適」爲主,後期以「營利」爲主,但其實中間又有一小段有趣的插曲。(算是緣分也是運氣。)

不知道各位讀者有沒有聽過一句話,「老一輩炫富的包租公」的常說,**「就算他把豪宅免費借你住,那麼一個月的管理費,你可能也付不起」**;也就是「衝著這一句話」,我「賺到」了「一年住豪宅的體驗」。

先來講當初的時空背景,那時我父親有兩台汽車,一台打算送我練習用,所以停在某一棟透天厝一樓的屋子裡面,剛巧我某一個親戚要到美國坐移民監以申請美國公民,本來只是交給我父親鑰匙,請他有空可以順便請人幫忙打理一下,相關支出也先預付給我父親一個存摺帳戶可直接代爲處理(金融卡可直接提領),換句話說,這就是「一間租不出去的豪宅」(不可能賤價出租且不可能委託第三人出租。)。

後來我「有一次」剛好跟這個親戚聊天，另外一個親戚就是說了「這樣的「一句話」，言下之意就是「想送給你住，你都住不起」，當然這一句話不是對我說的，但我就順道問了一句話，這管理費需要付多少呢？如果說是一坪200元管理費，那百坪豪宅每個月就要繳兩萬元的管理費，其實這也不是一筆很大的錢（應該沒有千坪的豪宅吧？），我用「一個想法」就把這筆錢「變出來」了。

「想法」是，我把老爸送給我練習的車租給好朋友開，由他負責所有汽車保養與保險費用，還要付給我一筆租金每個月3000元，另外他還要在橋下的停車場租一個2000元的停車位停放汽車，接著我搬家把「樓下一樓的店面」租給「將被趕出去的另一個店家」作為「辦公室」（調漲租金趕人為手段），這中間我又產生每個月兩萬五千元的費用，結果我就用這個「扎實地」接近「三萬元的現金」，搬進去豪宅內足足體驗了一年所謂有錢人的生活。

所以名義上雖然是「借住」（大四房中的三房都是我的遊戲空間），其實是「協助他管理他在台灣的物業」（也非我不可，你的問題剛巧是我的專業）；也正是因為「我的協助」，他有一個房間內（鎖起來的房間）存放的金銀財寶都不用擔心會有遺失與失竊的問題，我應用資訊科技的專長給他裝了一個遠端監看的網路監視器與紅外線感應系統，給他一個24小時可以聯繫到我的專屬手機，然後「賓主盡歡」且「各取所需」。

也就是說，「我付出的代價」就是「解決他的問題」，他的「好處」有：
1.「部分珍貴的東西」不用搬（也無法搬），且有信任的人可以代為管理。

2.「省掉」管理房子的費用，像「管理費」與「水電瓦斯費」。

3. 不用「欠別人的人情」（請我老爸暫爲管理）。

4.「沒有人住的房子」容易被「毒蟲」與「竊賊」佔據的問題。

5. 沒有出租「趕不走人」的問題，隨時「通知」隨時「搬」，這就是「借」的操作型定義。

6.「代收重要信件」與通知「親族間的重大訊息」，人生不免有「訪客」。

至於我可以「拿到的好處」，根本就不在「他的考量範圍」之內。

一開始我「就」不是以「承租的角度」來跟他談，「承租」可能就需要幾十萬，如果用「豪宅的合理報酬率」來算；其實這也絕對租不掉的，有行情卻沒有市場，除非哪一個人是傻子（誰有每個月幾十萬的薪水來付租金；眞正的有錢人自己買自己住，何必租別人的豪宅呢？）。

至於我「拿到的好處」可多著呢！像是：

1. 我母親喜歡豪宅的「三溫暖設施」。

2. 我女朋友與隔壁的小孩喜歡「豪宅的溫水游泳池」。

3. 豪宅的停車場可以出租給我的合夥人（保全員登記「車主是我的司機」）。

4. 我有一個「好大的空間」（客廳長寬五米且沒有柱子），可以做「簡報室」與「會議廳」（大四房中的三房）。

（最終我老爸說，人眞的要有「不同的想法」（本來是守本分，不要妄想）；人沒有「理想」，跟鹹魚沒有兩樣。）

但最後，我還是要說，我還是比較喜歡住「透天厝」，畢竟「獨棟的透天厝」，可以在室內打籃球、跳繩，小孩子們還可以玩「捉迷藏」，「豪宅」就沒有那麼多的「祕密空間」（複雜空間）。

PS.

1. 早期因爲筆者是「電腦老師與作家」，所以我作息的時間基本上都與別人相反，所以如果我與朋友共同租在三房一廳的公寓裡，白天基本上都是我的一人世界（其他人都去上班或上課），我可以邊泡澡邊看書，或者是邊泡沙威隆邊看錄影帶，又或者一人在客廳演講與背稿，又或者在餐廳裡煮一些特色料理，所以我一直不喜歡住一房一廳的套房，更不要說只是一間套房；這些就是我早期的享樂生活。

2. 現在我也有一個空間是這樣的生活型態（2020），那個空間是在四樓（有陽台花圃，有廁所、淋浴間、客廳、書房、書櫃與安靜到嚇死人的兩間臥室），三樓住著我的親妹妹，因爲我「很少」在那個空間（放滿書連路都走不過的空間），爲了避免嚇到我小妹，所以我都會用「手機」打「三樓室內電話」告訴她，「您老哥我現在此刻在四樓寫書」，接著她會朝樓上大喊，「不要浪費電話錢，下來講清楚。」。

成本是一種「選項」或「替代方案」

我問「聽眾」一個問題，如果我就住在你家旁邊，住了十幾年，然而我們彼此之間都還沒有正式講過一句話，這代表什麼意思呢？

從這個角度，各位就可以想像一下，成本是一種選項（可行選項），這是A與B兩個選項之間的選擇，如果是「強強配」，自然有道理可以講，如果是「強弱配」，代表的是「弱者的哪一方」沒有基本的「生存」智慧。

再講一個例子，我在某一戶的房產隔壁有一個鄰居，先生是「不穩定的工作者」，其老婆做的就是八大行業，他們之間一樣有兩個小孩需要撫養（與某一個社會悲劇案件很類似），這代表什麼？代表這一戶的男主人沒有財商智慧以外，人際關係也很差（跟筆者關係很差），也代表這個人沒有「其他選項」？

但就我對他的了解，我認為他是有「選項」的（其他替代方案）；只是沒有人「願意」告訴他，換句話說所有的鄰居都等他搬走，希望他消失在我們這個區域，至少不會有這麼多的不愉快。（當然也可以說他是沒有學習能力的，沒有人會想跟大老粗說話的。）

至於他以前的選項就是，有賺到錢時，不是賭博就是聚眾喝酒，沒有賺到錢時應該就是宅在家裡，不要說他們家把廢物堆積在樓梯走道轉彎處，甚至連鞋子都放在樓梯走道上面，請問您想要有這樣的鄰居嗎？

至於他們這一家人之所以有能力住在這一區的原因是，他媽媽的老相好早期有一點點錢財，現在已經是無力行走，所以「共同地」窩在這一間看起來算是不小（坪數）的四樓公寓，這就是我對當事人的一點「基本介紹」。

換句話說，他們這一戶以前會導致「困擾」我的因素，因為「貧窮」而徹底地被解決，當然也有一部分原因是員警對「聚賭」的特別關心而「逐漸收斂」。

再講另外一個例子，我的一個親戚，早期當我知道她有一間獨立門牌的小套房時，我一直都覺得很奇怪，放著「新房子」不住十幾年，這中間的租金損失不知道多出了幾百萬，可是他似乎一點都沒有感覺，繼續她的「殺時間的朝九深夜十二」的上班族生涯（責任制又沒有加班費），直到有一天我才真的了解到她的「苦衷」，原來她內心一直有一個不安全感，其來源是來自於她的母親，她的「成本計算」是源於底下兩種物質與情緒間的轉換，也就是「生活便利」與「大量物質損失」，什麼叫做「大量的物質損失」呢？大多數活在幸福家庭的人絕對是無法體會的，講著就是有些老人生活太無聊，無聊到每天丟別人的東西，而且是整個箱子整個箱子的丟，反正是看不慣的都丟（新的也丟舊的也丟），難怪這個家庭的親戚終究沒有出過什麼傑出人才，想想看有這麼多的內憂外患，試問她敢交男朋友嗎？又或者她有時候去拓展人際關係與增進專業知識嗎？她一樣是沒有選項（這組親戚是「遠超過」我的能力與影響力範圍的）。

重點是這個老人家竟然也不知道這一切也是有「成本」的；想一想就知道，如果她給得起一個健康的無干擾生活，她可以多出幾百萬她最想要的敬老金（來自獨立套房的租金收入），她也許可以看到女兒可以無憂

無慮地「約會」（或準備公職考試），至少不會在在星期六或星期日的午後，被「永無止盡」「極緊急的手機電話」叫回家收衣服（北部西北雨特多），尤其是她也不知道有人在大清早或是大半夜把她的衣服自動設定定時洗衣，連一個「好好的假日」都可能是「不得安寧地」做「開始」或做「終結」；甚至可能在隔天的上班日都會找不到鞋子出門，借用姐姐的鞋子才可以開始一天正常上半般的生活。

這一篇重點在於提醒各位讀者，當您發現您的「生活選項」太少時，主要可能有兩個原因，分別是：

1. 花在「學習」的時間太少，導致「想像力」不夠。（越窮才越需要努力；窮人沒有怠惰的權力。）
2. 花在「娛樂時間」太多，導致死神已經在門口還不自知。

最後分享一個我「價值觀」的「盲點」（偏見）；我認為如果用的是「別人的錢」，還用得「有點奢華」的人，都是「不可以被原諒」的廢物；尤其是「一家之主的男主人」，至少「節儉」或「減少壞習慣」這種「簡單的小事」；我絕對「不會出手相救」的人。

PS.
此題的答案，早已經寫在《包租公筆記本》的某一個特定章節中，如果各位看到這裡還不知道答案是什麼，請回去重看一遍～（有可能是業障現前，所以導致慧根難顯～）。

沒有「機會成本」概念的「未來」包租公

「機會成本」的說法，就是你如果「這個空間」可以租給別人應用，你可以「多賺多少錢」。

我覺得一般人指責別人的時候，基本上都很輕率，也都很客觀；但如果用這個角度來看他們自己的時候，他們往往又過分「縱容」自己的固執。

我舉一個老朋友的故事來加以說明。

我有一個叫做小陳的老朋友，有一天他要跟我借地下室放東西，我拒絕了他，因為這一借可能就「遙遙無期」，後來他轉而要跟我租一個一樓的店面，我同樣拒絕他，因為我懷疑他的「付租能力」，最後他轉而跟我借一樓的騎樓，說在停一台汽車，我還是拒絕他，因為我老爸常會把車停在這個騎樓，後來他說我把這個空間放在哪裡，不用多可惜，如果可以借給他用，那不知道要有多好，後來我把這三個空間「租出去」，多賺了三萬多元，我笑笑地告訴他，借給他才可惜，這樣平白一年損失三十六萬，還有可能會討不回來。

後來我去參觀小陳的家，發現他家的三房二廳一衛，到處都擺滿了舊電腦與舊音響，我笑他說，你這樣才浪費，如果我把「這一間中古屋」改成五間雅房，或者是改成四間套房（不改也可以做共生公寓），那我一個月可以多賺四萬元，一年就可以進帳將近五十萬；正在罵他的時候，

他竟然跟我說這些都是很重要的設備，後來還說他每年都還有幫別人維修電腦與音響設備（免費服務居多），我就跟他說你一年到底有多少「營業額」，針對舊電腦維修與舊音響維修賺到錢的次數「到底有多少次」，老實說因為我的朋友是水電工與油漆工（彼此很熟），所以一整年就「維修設備」所賺到的錢，可能都不超過一萬元，換句話，說拿一個四十八萬租金收入不賺，刻意拿來當作一萬元收入的倉庫，那豈不是一件「捨本逐末」的事情。（這就是機會成本的概念。）

後來有一天，他生了一場大病，有所感悟的說，他想把這些「存貨」處理一下，他說他的感覺是時間所剩不多，我笑笑地跟他說，他的當務之急應該是做二件事情，第一件事情是拿已繳完貸款的房屋去辦「以房養老」，又或者是申請理財型房貸，給自己身上留一筆「大錢」，第二件事情是把這些垃圾清空，接著用「共生公寓的方式」把這些空間「出租」出去，這樣至少每個月都可以增加個兩萬元可以做「生活費用」，第三件事情是把這些錢拿來遊山玩水，或充實自己的生命，為什麼把這些垃圾當作存貨，這些老掉牙的東西絕對不會有人買，萬一有一天你真的走了，你的兒子們也是把這些當作垃圾清掉，這時，他發了一頓好大的脾氣，我心想，難道我說的有錯，這也是沒有「機會成本」的概念。

再過幾個月，我問他，怎麼沒有看到你的兒子們，搞半天才知道他有三個兒子分別都住在新北市較為偏僻的地方；換句話說，就是幫「其他房東」繳租金，我心裡想，你既然家裡都有那麼多「空房間」，為何不把自己的兒子們都叫回家住，以目前的坪數規劃，只要把「客廳」拿掉（作為「自己住」，接著把飯廳改成客廳，又或者餐廳改成客廳，又沒有女主人），這樣至少可以享受「天倫之樂」，這不也算是「機會成本」的一種嗎？（而且三個兒子可以互相住在一起，彼此打氣，不也算是一種「良性互動」的「團體組織」嗎？不是打虎不離親兄弟嗎？）

如果是「我」，就算不是「每一個兒子」都願意回來與「老爸」住在一起，但至少可以開一個「十分便宜的租金條件」，也就是說不僅租金便宜，這一筆錢還存在共同銀行帳戶裡（用這筆錢來增加收支比，創造更好的貸款條件），「每一年累積的結果」都還可以做為「兒子的年度分紅」，這不僅讓兒子們有家的感覺，而且可以逼迫他們存錢；何必硬要把自己變成一個獨居老人，萬一有甚麼不幸發生，也無法有人可以協助，反正我就是不知道他在想什麼？才碎碎唸他「沒有機會成本」的概念。

後來我就跟他進一步「提議」說，乾脆請我當你的「二房東」好了？我來負責所有的合法隔套的工程費用與支出（包含一次做到位的二次工程）。

結果他問我說，「他要住哪裡」？

我笑笑地跟他說，「既然你已經退休，沒有工作了」，加上有可以當大房東，你有四萬多的收入，「你想住哪裡就可以住哪裡」，不然可以住在我的小套房，台北市與新北市我有小套房可以租給你住，桃園我也有小套房可以借給你住，這樣你有甚麼好擔心的呢？（我還可以供應三餐）

只要你跟我「簽約」，我保證五年後你的套房租金可以達到每個月五萬元的水準，那時候你就更不愁吃穿，更不用擔心子孫不肖的問題，因為你「給得起零用錢」，也有一筆將近「一千六百萬投資報酬率」的「遺產」可以「分配」（這也算是機會成本的概念與設計）。

房地產的「自主控制」能力

很少人可以說明自己值多少錢。（或堅持自己值多少錢）

但因為筆者的工作經驗很豐富，所以我可以主張自己「值多少錢」，只不過要透過不同的工作類型與階級來加以實現；舉例來說，筆者可以回去當資訊主管、總物業經理、總幹事、機電人員、電腦老師與英語老師，但這些都是月薪制，所以不同工作類型可以做為主張自我價值的實現。

也可以說，在這些類型上，我是有選擇能力與條件的，這種就是自我控制力，也算是「人生主導權」的一種形式，也可以說可以自我主張的價值。

但傳統的自我主張，需要靠「時間」與「儲蓄來加以實現，舉個例子來說，假如筆者從資訊主管退下來，接著想找另一個資訊主管的工作，筆者的領域會受限於IBM的大型主機電腦應用公司，感覺上這既是一種限制，也同時是一種保障，換句話說，「薪水等級」就決定在「所在位階」與「從事的工作職能」。

如果「短期間」找不到「滿意的資訊主管」工作怎麼辦呢？如果我需要錢養家或生活（迫切地），很有可能的是我也會屈就IBM大型主機「程式設計師」的工作，這個時候，在短期上我可能就會回不去「原本資訊主管」這個工作。

但如果筆者有一筆「積蓄」，又或者對自己有一種「信心支持」，願意以一段較長的時間（空窗期）來接受高階主管的面試的話，也許可以回到原來的位階，或甚至挑戰其他領域的更高位階，就像是從資訊業跳到物業管理業，從土地開發跳到預售屋銷售，這樣在「薪水的這一個條件」上，也不至於太過委屈自己，同時也「賺到」了所謂的「時間的浪費」（傳統的資訊主管可能需要朝九晚十二的工作模式；總物業經理則朝九晚五；土地開發承辦也是朝九晚五加上更多的自由出差時間）。

但讀者絕對想像不到的是，就算你「願意」，「高成低就」也算是一件很困難的事情（社會接受度不高），筆者的第一份總幹事工作用的就是「專科的學歷」，在這之前用「大學經歷」或者是「研究所學歷」都是石沉大海（連第一次面試通知都沒有），就跟先有雞或先有蛋的問題一樣，很多物業管理公司希望應徵者是有擔任過總幹事經驗的應徵者（穩定工作更不會有所流動），卻不願意給沒有經驗者「一個機會」。

「上述的這個部分」講的是「人的價值」創造。

「下述的這個部分」講的是「房地產價值的創造」（尤其是法拍屋與中古屋「價值的創造」，預售屋與新成屋沒有這種「坪效」與「運作空間」）。

我的法拍屋老師告訴我說，法拍屋的價值也是一樣（中古屋也是一樣），不僅在「之前」你就要看出它的價值，「之後」還需要創造出它的價值，就像是創造「人生主導權」一樣，你要「創造」一個房地產「應該有的價值」，「主導」這個「價值」且「賣在這個價值」。

老師說，如果北部租金投報率只可以接受在1%與2%之間，那麼如果你

可以創造一個4%與6%租金投報率的物件，你的價格就可以是別人的兩倍，這個是分子的創造；換句話說，如果你可以殺價殺到投報率是2%到4%之間，這也代表你的分母是別人的二分之一（這是分母的創造）；總之，如果現在不是「馬上賺到」，根本就不值得「衝進去競標」（法拍屋賣到市場價的傻瓜），你必須要有「只有一個子彈」的覺悟，別人也是一樣，當別人沒有「子彈」時，就是你進場的最佳時刻，也就是房地產可以創造價值的有趣之處，「法拍屋」如此，「中古屋」更是「適用同樣的準則」。

最後「老師」問了三件事情就是：
如果豪宅的每坪價格跟同地區透天厝每坪價格一樣時，哪一個價格不合理？

換句話說，如果預售屋跟新成屋的價格一樣時，哪一個價格不合理？

又如果說，預售屋的價格跟中古屋的價格一樣時，哪一個價格不合理呢？

就算有「都更」的可能性，也請把「中間這一段時間差」加進來「計算」。

這些知識加起來，就是房地產的自主控制能力，也就是你可以賣在你想要的價格上，也可以買在你想要的價格上，更不要說是當二房東的租金價差控制。

更敏銳的你，可以「跑在前」，而且還可以「跑得快」；「反應快」才是進出房地產的本錢。（以前合作的全國最大的代銷公司老闆說，他只

什麼「角度」來看

以什麼角度來看，如果說以「現金流」的角度還看：
二房東>頂樓有加蓋的四樓>頂樓沒加蓋的四樓。

其實二房東如果技術操作的不錯的話，二房東比大房東好，一來「二房東不見得是賺得比較少」，二來「大房東的風險大很多」，三來「大房東的投資報酬率低得離譜」。

當然，如果以「包租公的角度」來看，「合法隔套」當然比「非法隔套」要好，可是「合法隔套的套房」到底又有幾間呢？套句「行家」的話，如果「合法隔套」再加上「二次工程」，這到底是「合法屋」或者是「非法屋」呢？（合法或非法這個問題很重要嗎？其實這中間沒有什麼「機會成本」存在的；不知讀者是否可以「看懂」這一段；「多想幾次」就會「感受深刻」。）

我講一個新竹同事的例子，有一天這個同事跑來請教我，剛好他租房子的地方，有一間透天厝要賣，可是這房子的產權只有一樓，可是整整地蓋到四樓，全部都是套房，他說「如果他買下了，五年就回本了」，所以他「跳下去」購買（沒想到跳上了投資界天堂），現在「已經過了十年」，現在是「富甲一方」。

請注意，他的重點有七：
1. 現金流觀點，用「五年回本」來睹這個投資。

2. 他不在乎合法建物產權或者是「非法建物產權」。（出價以權狀為主。）
3. 他不用「增加裝潢修繕」，直接就可以「收租」。
4. 他買的價格是「合法產權的部分」，非法坪數都殺價殺掉了。
5. 他不是用「投報率的觀點」來買「這間透天厝」，他是以「市價的七折」來買「這間透天厝」。（「合法建坪」或「地坪」；且「無法貸款」，因為「違建」太多「樓層」。）
6. 他是以「幫對方解決問題的觀點」來「殺價」，他以「沒人敢買這樣的透天厝的觀點」來買「這棟透天厝」（土地地坪價）。
7. 他以「替對方背貸款的觀點」來買這棟透天厝。

換句話說，原屋主就是因為「超蓋」得太嚴重，且出租得過於「離譜」，導致沒有辦法繼續做增貸與轉增貸的做法從銀行搬出更多錢來，剛巧我的朋友手上有一大把的現金，又或者是他有其他房產可以搬出現金，所以「解決了新竹這一棟透天厝無法貸款的問題」（「有條件買的人」更進一步地「縮減」。）。

我覺得這個就是「富貴險中求」的概念，我曾問過我這個老同事，這樣的投資是否是過於「冒險」。

後來他告訴我其實他還有「兩個備胎方案」，也就是「他還沒有用到的 B 計畫」，他說：
1. 他原本打算申請「程序違建」的修正事宜。（「非法」補「程序」變「合法」。）
2. 他知道這個區段有「新的都市計畫」發布，我這個同事是做區段徵收與市地重劃的業務，自然是比我更敏感，當然也可以說是好天眷顧。

總地「歸納」來說，這算是我最「看走眼的一次」，除此之外，還有底下的特點：

1. 投資總金額在我另一個案子的百分之一，竟然賺的一樣多。

2. 我投資地坪大5倍，合法建坪大十倍，租金卻是一樣多。

3. 他算是小賭注大生意成功的案例，其實當初他也願意邀請我共同投資，可惜我當初「不長眼」，「有眼不識泰山」。（這算是奇恥大辱的一種。）

也可以說，他「這個投資案」的「成功地方」有幾個「可歌可泣之處」，分別是：

(1) 本金低，但投報率高。（小賭注，只買合法的建坪，非法建坪算是送的。）

(2) 合法建坪賺，非法建坪也賺。

(3) 五年內回本。（我一百年也無法回本。）

(4) 不用額外的花「其他裝潢費用」。（馬上出租，卻又閃掉「投報率後墊高」的房價；相當於只買地坪的價格。）

(5) 進價低。（只買合法的部分；殺價多少就是現賺多少。）

(6) 接近租屋市場，「租客」比我多好幾千倍。（景氣不好，我還要賤租商場。）

(7) 出租的用途不同，他是租房客，我是做商場，可是現金收入卻是「一樣」。

(8) 總投資金額只有我的百分之一，投報率現金月流量卻是一樣。

換句話說，如果當初我用同樣的金額，買一百處的話，現在應該可以算是富甲一方（100倍），只可惜，我的智慧「開得太晚」。

PS.

1. 我這一篇文章是寫給我自己看的，提醒我自己，不要在一輩子「用一個白領階級」的觀點，把我「未來的人生」越走越小，越經營越窄。（其實我把「自己的天賦」做小了，也把「自己的格局」做小了，卻不「自知」。）

2. 就像包租公筆記本現在已經是43篇作品，具有141頁的厚度，還沒有一篇作品是「其他包租公的贊助文章」，這又有誰可以「想得到」呢？

3. 更多有趣的不同文章，各位讀者可以參考「0元包租公祕笈」，這本之前寫的書，來體會這兩本書（「包租公筆記本」）之間是否有什麼「異同」（「不同時期」且「沒有重複的文章」，作者不會做「一書兩賣」的事情，請讀者們放心）。

網路上看得到「二房東」報導

「二房東」這的行業發展速度有多快，讀者可以注意幾家業者的廣告招牌布置位置就可以理解，像是：兆基、永勝、華康與崔媽媽，這些都是「展店高手」。

但筆者這次想談的「業餘二房東」，而且「業餘二房東這個團體」，如何將雙北市整棟樓談下來的故事，而且各位還可以輕易在網路搜尋到的二房東消息，這樣的故事有三個，分別是：

1. 士林整棟樓的「包租代管」。（補習班轉型做二房東的體驗。）
2. 新北市整棟樓的「集體購買」。（四個包租公各買一層。）
3. 在法令之前「跑」與「法令例外項目」的應用。（開箱包租公體驗。）

首先針對最新的案例，發生在2020年5月剛開箱的案例，業主是一家補習班，因為開設了一系列包租代管的課程，順便組織了一家包租代管公司，因而承接了這樣的一個物件。

這物件的業主是一個醫生，而這個物件的前身則是一家旅館，因為武漢肺炎的緣故，原日租套房的這個承租戶也許撐不下去，所以轉而承租給包租代管公司（「日租」改「月租」，「租給觀光客」改成「承租給上班租」）。

聽說因為這個補習班在外界的廣告量很大，所以導致這個物件在整棟樓

裝潢好之後，一個月內全部的套房都出租簽約完畢，有點「秒殺」的味道，最後還留個一間套房作為「學員教育訓練」與「參考」之用。

「這種作法」其實跟「法拍物件」為何可以「不理性地」超過「仲介物件」的原因「類似」，也跟預售屋中「外來客購買」導致「熱銷效應」一樣（「團購」吃掉一大半比例也是一樣），當出租方掌握「關注它廣告的一大群人時，它的「任何一個物件」就有「幾百萬粉絲關注」的效果（結果一定是「秒殺」。）。

這其實也算是「業務能力」的「最佳表現」。

至於法拍屋也有這樣的業務表現，除了是全國性關注以外，很多補習班帶看，如果再加上媒體的報導，就可以產生非常態性的一窩蜂，高手就會暫時出場等這些菜鳥把自己手上的子彈打光，接著法拍屋拍賣才可以恢復原有的專業與低價折扣的本質。（「撿便宜地攤」竟然變成「高價競標拍賣場」的「一時性失控」。）

上過法拍屋課程的學生都知道一個公式：
法拍屋競標價＋點交處理費用＋內部裝修＝仲介物件價格（再砍八折）。

也就是說「點交法拍屋」有「時間費用」，也有「程序上的費用」，如果「法拍價格」竟然可以「仲介物件價格」一樣（不合理）；買仲介物件可以看屋，可以省去點交費用，也可以省去內部裝修，還可以進一步砍價與協商，沒有道理會使法拍屋競標價可以高過市價，重點是經過「二次打八折」第三拍的競標價還可高過「第二拍的底價」，表示這群競標對象裡有「太多後知後覺」的人；否則同樣的一個法拍物件，一拍與二拍都無人買的價錢，最後竟然在第三拍搶了一個超過市價的天價，

這不是「不理性」（不專業群眾），那還有什麼叫做「理性」。

至於上述案例的第二個補習班（與前一家不同，規模不同，課程豐富性也不同），其發展方向比較像是一群「包租公社團」，所以不僅有「出書」（但網路書店沒有販賣，但有申請ISBN書馬），且有在「對外招收會員」，上課時間基本上都在晚上（前一家補習班下午課程比較多），學員多數是「上班族」，講師群則是「一大堆的包租公」（20個包租公66重點），但其補習班還有一個特色，就是他們補習班另外經營一家「包租代管的網站」（好租xxx），也就是專門幫這一群包租公做「代租代管的事宜」，也算是「肥水不落外人田的作法」，最有趣的地方在於他們之間有一個「互助協定」，叫做「豐x交換」，其實就是「塔木德」中的「互相交換」，不管是「時間對能力」，又或者是「有形換無形」，又或者是「無薪工作換知識」，他們認為「螞蟻雄兵」也可以「搬走一隻大象」。

第二段分享故事就發生在，有一天這一家補習班合夥人發現一個四樓公寓整棟出售，但因為整棟金額龐大，他號召旗下的學員一起來買，本來想用「10萬一個投資單位」的作法，但有四個有錢的包租公跳出來說，那就每人一層好了，就做了一整棟的出租物業，這算是一個很激勵人心的案子，筆者為了買書，去看過他們在重慶南路旁的教室，櫃台旁站著一大群人，就是包租公們，跟上課學生乖乖坐在座位上的另一群人，看起來就是截然不同，但因為這些人還看不出本作者的強大氣場，我只停留5秒鐘。

第三段的分享故事，在筆者的經驗裡有兩個，一個是網路播客「隔套出租」開箱，另外一個是淡江大學牛肉麵店「由租轉買」的故事（批發變零售），因為本篇文章已超過筆者習慣的寫作篇幅，將在其他文章中與

各位分享（想看到更多有趣的包租公文章，請參考下面兩本書，也就是「0元包租公祕笈」與「包租公筆記本」PUBU電子書。）

底下是幾個可以「參考」連接的網址：
https：//www.youtube.com/watch？v=4f7Nn19q4oc
https：//www.ctwant.com/article/11926
https：//www.youtube.com/watch？v=x0bvSlgGTFI
https：//www.youtube.com/watch？v=p4dURKzAi-0&t=54s
https：//www.youtube.com/watch？v=GINS3UNwgpM
https：//www.youtube.com/watch？v=mpsKpWhUaq0

0元購屋的企劃案：（把投報率做給自己；77年次的小資女。）
https：//www.youtube.com/watch？v=ZJkkmxYaLQs
27歲擁有200間房做代租代管：
https：//www.youtube.com/watch？v=9xutV5iDVGY
包租代管的高手：
https：//www.youtube.com/watch？v=9hpqgLbg390&t=10s

包租代管的好書：（電子書）
包租公筆記本：
https：//www.pubu.com.tw/ebook/195173
0元包租公祕笈：
https：//www.pubu.com.tw/ebook/192543

沒有「富爸爸」的「窮二代」

在發財致富的這一條路，有「富爸爸的人」基本上沒有什麼「訪問價值」，因為「有錢」的「這個理由」，就可以讓所有的事情都變得非常簡單，好像是只要把整疊鈔票拿出來，就可以「買到」所有的資源（或想法），加上有錢的人可以經過「幾千次的損失測試」，只要其中有「幾項」超過千倍的回收，其實「成功」就等於是「必然會發生的事情」。

反觀沒有富爸爸的窮二代，其「發跡的故事」就具有很多的可看性，如果說「遇到貴人」是「基本款的發跡理由」，我也確實遇到幾個「創造」貴人的故事，可以跟「聽眾」分享。

在此，講一個77年次小資女的故事，他最早參加財經課程的理由是想找到致富的原因，後來他發現房地產致富是一條可操作的致富方法，可是買房子要有頭期款，她連頭期款都沒有，這該怎麼辦呢？

基本上，她就採三軌並行的作法，主動創造自己的貴人，她的作法有四：
1. 找可以產生淨現金流的中古屋。
2. 寫投資報酬率的報表與投資計畫。
3. 尋找投資人。
4. 切割投資額度與階段性。

據說她當初找投資人的過程中碰了一鼻子灰，原因是因為她在窮人堆裡面找，她找父母，她找兄弟姊妹，她找親戚，結果換來的是所有人的笑話，其實真正的原因是因為她們根本就沒有錢可以投資她。

結果他開始找那些她原本認為不可能的人，也就是她在補習班遇到的同學。

相形於其他貴人的來源，補習班的人是源源不絕，補習班的人是有這種概念的人，補習班的人是有同樣想法的人，補習班的人是有時間而且應該有點小錢的人，所以她花了很多時間說服這些人。

也正是因為買房子是一筆大錢，所以她就針對投資金額做了第一次的切割，也可以說就是每股20萬，接著針對「投資不確定回報」的問題，她也把保障利息收入的責任攬在自己身上，因為這樣的設計，透過租金與買賣價差，她賺到了人生的第一個一百萬，耗費時間為兩年。

她說，她有「四個買不起」（加「一個付得起」），分別是：
1. 整筆房子買不起。
2. 頭期款買不起。
3. 沒有錢可以裝潢。
4. 利息付不起。（銀行利息、股東保障利息與自付利息能力）
5. 利息差額付得起。

換句話說，雖然她有投資企劃書，而且可以確定一定會產生淨現金流，但是萬一沒有發生的時候怎麼辦呢？

如果借四百萬，需要每月還銀行本利兩萬元的話，她的薪水可以付得起

這兩萬銀行本利，換句話說，她的保險有四個，也就是：

1. 租金產生的淨現金流。
2. 租金減掉本利產生的淨現金流。
3. 租金減掉本利，再減到股東利息報酬率的淨現金流。
4. 租金減掉本利，再減掉股東利息報酬率差額後的淨現金流。

也就是說，她可能付不起本利，但租金可以付，他可能付不起股東所要求的利息報酬率，可是他負得起這中間的差額。

換句話說，她有四個投資報酬率都過關，一個是整筆資產投資報酬率，一個是投資款的投資報酬率，一個是裝潢款的投資報酬率，利息差額的投資報酬率。

事後證明，她就用最多每個月損失2萬元的股東報酬率利差（小賭注），換來了淨賺100多萬（200萬）的投資報酬率（大事業）。

也就是說，事後證明她的「淨流入現金流」結果是：

1. 每個月淨增加兩萬元的淨現金流入，三年增加72萬。（減除股東必要報酬率後的每月分配租金差額。）
2. 三年後賣出又多分到一百多萬的買賣價差。

而當初所有股東的入股總金額是300萬，這本金額是採每股10萬元的計價方式，這300萬的內部組合（原先構想）有三：

1. 頭期款的部分100萬。（買500萬的中和老舊公寓）
2. 隔套的工程費用100萬。（5間套房）
3. 「萬一」可以「救急的一百萬」，可以付四年半的利息。

換句話說，其實很多股東的最原始想法只是要賺5%的利息，但小資女更進一步提出在裝潢好出租後的六個月才開始支付利息，其實就是用套房的租金來付利息。

重點是小資女雖然在投報率已經計算出是百分之兩百的獲利結果，但還是以一個最壞的假設，也就是每個月省下2萬元來支付保證利息間的差額，也就是用每個月省下來的錢來玩一個遊戲，或者是作為學習的學費。

後來她說，其實當初她就是買便宜了，也就是說市價625萬的中古屋以打八折500萬的價格買到，最壞的情況是馬上賣掉，這筆錢也足夠支付她這一年所付出的利息差額（125萬減掉24萬，基本上買賣價差可以撐五年的保證利息差額。）。

換句話說，她只是先用「現金的形式」付出去，早晚這筆錢都會透過「結清帳戶的做法」又回到「自己的身上」（用「別人的錢」來學習「自己的智慧」。）。

另有一說是，「腦中企劃」在前，後來變成「真正的事實」；「買屋同時」就已經決定「賺到多少」；換句話說，「窮人」就是「腦窮」，「窮人」不是「努力不夠」，也不是「環境使然」。（筆者曾經用四本書的「預付版稅」，拿到一間「中古屋的頭期款」，藉著用「租金」繳「貸款」。）

後來這間「中古屋賣出後」又賺到了兩種「價差」，也就是：
1. 中古屋的自然增值。（3年後套現）
2. 一般租屋「變成」隔套出租後的「投資報酬率回報」房屋價差。

（再加上之前「殺價多少」，就「賺到多少」的「第一次買賣交易」；最可怕的是還沒有出錢，卻可以賺到房屋的買賣價差。）

所以她的「第二間中古屋」的「投資持分」開始往30%挺進。（多投資標的與多現金收入的實現；多買幾間與分散投資。）

也可以說，她用「0元購屋的做法」幫自己賺到了「第一個兩百萬」，接著後續透過「財務槓桿」的多重與多階段應用，結果就是「提前在27歲」就「達到可以退休的財力狀態」。（當然也有人選擇不退休，但壓力差很多，不然不會有那麼多人可以接受朝九晚十二「過勞死」的折磨；超時工作同時又把所有親情消滅的無薪作業；上班打卡制，下班責任制。）

除此之外，她還受到「平面媒體」與「電視節目」的「專訪」，她很高興父母也可以分享她的成就（標題是「每個月給自己加薪20K」）。

換句話說，如果她當初沒有「行動」，這一切也都不會發生。

重點是，她雖然是沒有「富爸爸」的窮二代，但在「今天」之後，她的後代都可以是「富二代」，享受「資源」與「投資」的「樂趣」。

0元購屋的企劃案：（把「投報率」做給自己；77年次的小資女。）
https：//www.youtube.com/watch？v=ZJkkmxYaLQs
27歲擁有200間房做「代租代管」：
https：//www.youtube.com/watch？v=9xutV5iDVGY

包租公「處處」都是「生意經」

「有錢」的人，當然不用「處處都是生意經」，因為有錢只是「手段」（或「過程」）；「有錢人」值得更好的「生活方式」與「生命價值」。

「沒有錢」的人，尤其是沒有「被動現金流的人」，當然「處處」都需要是「生意經」，直到有一天「被動收入」遠超過「主動收入」的一天；這時還是有人因為「喜歡工作」，選擇「不退休」，重點是「可選擇性」；「退與不退」都「操之在你」。

我認識一個前輩，最終以「副總位階」退休，有一天他提到「他差一點就可以不用退休，因為只要他當上總經理，基本上他就可以做到他高興為止」；換句話說，如果他的「錢夠」的話，其實他開一家建設公司「也可以」，這樣就可以享受「不退休的快樂」。

前輩總是說，「這很難」；我就翻出一張報紙（我的簡報），講的就是一個「租賃金童」開「建設公司」的實例；我告訴他，你認為很難的事情，這個你眼中的兒童（金童）在三十歲之前，把所有你認為「不可能的事情都做完了」，包含27歲退休與29歲創立連鎖型的包租代管加盟店，甚至在30歲前開了一家建設公司專門協助危老重建，甚至可以在30歲前就可以作為建設公司與代銷公司的「顧問」，這在我們老一輩想起來都是困難重重的事情；不然我們回去翻翻最大地產公司的所有建築工地顧問支出，算一下「顧問們」的「平均年齡」就可以知道，「二十

幾歲的建築顧問到底可以給你什麼珍貴意見，一年還要付他兩三百萬的顧問費，而且一個禮拜才出現半天，請問前輩，你是公開上市公司多項「創指標的建案操盤手」，有誰請您退休後出來當個「顧問」嗎？（他懂得可比您老要少很多呢～筆者認為。）

換句話說，我認為前輩「退休後的日子」是「不快樂的」，因為以「前輩以前」「生龍活虎的工作態度」（以前每天都給他搞得「累得要死」），加上我認為他是「唯一」思想速度比我快的前輩，我都還在享受「到處為人師的樂趣」，他比我強，應該也會比我「活躍」才是。

也就是說，其實「退休生活」應該是可以「事先企劃的一件事」，否則就是一件「痛苦」的事；不管是「退休」或「不退休」，應該是以「當事人的意願」為「最優先考量」才對。

不然「閒不住」的人，也應該住得離「市場」近一點才對（大台北），否則像我們這些同樣是「閒閒沒事做的人」，有時候相約要去聽一場演講的時候，光是「開車去載前輩來回」就要「耗掉三個小時」（新竹與台北往返），這樣怎麼創造我們「事業」的第二個春天呢？

就算我今天聽到一場很不錯的演講，想要找前輩分享與討論，這時我也要耗掉三個小時來回，請問讀者，您會花「三個小時卻只得到一個小時」的效果嗎？

最後我們來試想「退休」後，還可以「從事」什麼「投資事業」呢？
1. 包租代管事業。
2. 代租代管事業。
3. 法拍屋代標與投資事業。

4. 顧問事業。
5. 演講事業。
6. 寫書事業（或翻譯事業）。
7. 投資新創事業。
8. 區段徵收與市地重劃。
9. 危老重建與都市更新。

當然，每一個人都有心目中的「前輩」，如果以前「彼此共事」得很開心的話，應該還是可以在退休後彼此合作；這時候有更多「知識貢獻」的空間。（尤其是「包租代管」這個領域。）

最後，分享兩個前輩的故事，一個是搬到台南的前輩，說他搬到那裡，「之後」一個朋友都沒有（到底是誰有問題，搬到哪麼遠），「搬離雙北市」後就搬不回來了，因為房價「又漲一波」；另外一個是在新北市的前輩，因為其英語非常好，基本上可以做「現場直譯的程度」，結果我們幾個提早退休的人，就請他擔任我們的「英語講師」，順便請他翻譯英文小說並講解文章中的意涵，當然隨行的也有「錄音筆」與「打字小姐」，接著我們就把「中文翻譯」公開在網路上（還帶來不少流量），也因此結識了「更多英語同好」。

如果你的「人生」有得「選擇」的話，你又要當「哪一種人」呢？

房地產取得的「間接與直接」，
「確定與不確定」

假設一棟房子的價值是1000萬，可是你卻可以用10萬元的價值來操作他，這就是所謂房地產的智慧。（「二房東」與「不點交法拍屋」都具有同樣的技術含量。）

至於怎麼做，就「隱含」於標題當中，請各位讀者細想之。

知識有分兩種，確定的知識與不確定的知識，但現實上是這樣來做區分，可是在不知道者的世界，永遠是可怕與不確定的東西，自然就無法掌握「這樣的商機」。

我以簡單的例子來讓各位體會一下，就光是「看書」這一件事情上，「懂的人」與「不懂的人」差距有多大。

我有一個朋友，將要接受眼睛開刀的手術，在事前就與一群好朋友來討論，這一個禮拜將要怎麼過的問題，結果幾個朋友說看書、看電影、看雜誌、看報紙，這些都是沒有什麼知識含量的說法，畢竟叫一個眼睛看不到東西的人，看手機或看電腦，都是一樣「沒有意義的事情」。

我想「大多數讀者的朋友」都像是「這種朋友」，說一些不可以「被執行的事情」，也提不出真正有幫助的想法，所以等到大家一陣子「鴉雀無聲」的時候，我說我有四個「絕對可行」的做法，可是我不想讓其他

人知道，只告訴當事人，且當事人不可以告訴任何人，這件事情足足「賣了兩年的關子」，以「懲罰」那些「信口開河的人」。

我的六個方法是：
1. 我來照顧你，因為我有的是時間。（好朋友有品質的照顧。）
2. 我來安排你的每一個朋友拜訪你一個小時，「積沙成塔」浪費時間於無形。
3. 申請借閱盲人圖書館的有聲書。
4. 下載有趣的中文或英文有聲書。（我比較喜歡「購買」，重點是「確定有」；有錢的好朋友也絕對不會讓你破費與吃虧。）
5. 我找「工讀生」（我的學生）來讀報紙給你聽，你付錢就可以。
6. 把你的祕書與下屬找來醫院開會，沒「視力」但有「腦力」（避免無聊）。

首先我來講我的「中文有聲書」的規範與操作方式，我的重點有三：
1. 「拿到」有聲書的檔案（下載或購買）。
2. 「刪除」已經聽過的部分。
3. 「錄下」自己的心得與筆記。

我知道我這個朋友喜歡玩股票，所以我挑了「華倫巴菲特」的「滾雪球」這一類的有聲書，接著就給我的朋友安排「讀書計畫」，除了請他錄下自己的心得以外，還花了很多時間跟他「討論」與「辯論」（醫院VIP單人房）。

後來有一天，他突然打手機給我，告訴我「給我放一天假」，他說他的兒子也會（由兒子陪他），所以隔天的行程由他的碩士班兒子安排，那時我心想這一定是個災難開始。

果不其然，隔天我給我自己「放了大假」，巧的是「手機也沒有帶」，後來聽我朋友說，他簡直快瘋了，我問他為什麼？

他說「一連串的不愉快」，導致他「快瘋了」，原因有六：
1. 兒子說他的電腦壞了，網路連不上線。
2. 等連上線後，發現「中文有聲書」找不到，而我朋友又不喜歡聽愛情3P小說。
3. 最後只好等兒子去「書店」買了幾本有關的「紙本書」，由他兒子唸給他聽。（書店可不一定可以買到書，但我家一定「有」。）
4. 其實他也不能確定他「聽到」第幾頁第幾行，所以找「段落」找了半天。
5. 他第一次發現他兒子的「中文語言能力」很差，唸出來的聲音可把他催眠了好幾次。
6. 他沒有辦法跟他兒子討論，不然古人不會有「知己難尋」的感慨（不同等級與水平的人之間會有話聊，奇怪的假設。）。
（整天都在等，等電腦壞、等網路故障、等兒子買紙本書、等兒子找段落、等兒子唸、等兒子搞懂自己唸的是甚麼東西、等兒子提出一個「像樣的觀點」、「等等等」加上「懊悔放我一天假」。）

再一個隔天，我遇到了他的兒子，我笑笑地對他說，有些事情並不像你想的那麼簡單，就算連讀書的這種小事也是充滿學問的，結果他還是不好意思問我「是如何做到的」。

「開玩笑」，這當然是用錢「炸開的活路」，你花不起的錢（有聲書CD是很貴的），老爺子我「花得起」，不然等「天上掉下來」嗎？
（最後的最後，還是由我朋友「買單」，而且還送給我作為禮物，貴人好朋友不僅欠你人情，還願意負擔好幾倍的類似損失與費用。）

接著我們來討論底下的幾個議題，分別是：

1. 爲什麼有人敢買「爛尾樓」？
2. 「黑道」如果最大，銀行爲何可以拍賣「不良債權」？
3. 爲何「有屋沒地」的房屋可以買？有哪些？
4. 二房東「憑甚麼」可以賺得比大房東還多？
5. 「不點交法拍屋」如何變成「點交法拍屋」呢？

如果上述的幾個問題，都「難不倒」你，你就具有「知識炸開的好幾條活路」，我可以確定的是，如果您具有「這些知識」，您這輩子絕對不可能「窮」，還會有「很多的朋友」（更多有錢的貴人朋友們。）。

講到「交朋友」，「認識很多好朋友的方法」很簡單，就是「創造**相對優勢**」，這就是爲什麼我的朋友都比我有錢，卻還是很尊敬我的原因；像最上面的這個例子，我用「一個禮拜」讓「兩個有錢人」對我「終生難忘」。

（至於那一票參予討論的有錢人，則是兩年的疑問。）

學習別人「可以節省自己摸索時間」

我認識一個仲介轉過來的包租公，他提到以前他在淡水那一帶當仲介，但是因為當地買賣交易很清淡，所以不兼著做一些所謂代租代管的事宜，在幫房東收取租金的時候，常在想，如果這個房東就是我，該有多好，所以他就第一次買了一間中古屋，目的不放在賺買賣差價，目的放在做隔套收租，從此那種每個月等不到業績的不踏實感消失了，開始可以睡個好覺，就這樣自己的套房數量開始累績，接著開始開設自己的公司，也就是代租代管的公司，這就是一個仲介轉戰市場的心得。

所以他說，就算他是一個超級銷售員，他也不見得是每個月都有全壘打的機會，所以面對「不穩定的收入」，心裡的感覺真的是「很差勁」。

另外的一個包租公，是學習他在日本的女房東（過去的正職是老師），他說這個女房東的先生已經過世了，小孩也都移民到美國去了，她只有一棟兩層樓的建物，二樓拿來租給四個外國學生，一樓自住，光是靠一個月的收入就可以過著很優渥的日子，更不要說日本有好的老年照顧的政策，反觀她到日本去讀語言學校，在餐廳打工的過程中把兩隻手都甩鍋甩傷了，尤其是當他看到餐廳資深的老廚師在一個意氣之爭下辭職後又想回來繼續工作，跪在店門口的雪地上，他說如果這個人就是他學完廚藝後的未來，他不願意自己像這樣，他想學日本的女房東，開開心心的過完一生，這個條件是只有有一間收租的房子，所以他回台後選擇台中做為包租代管事業的根據地。

至於我的心得也是這樣，但我的學習對象是一個停車場的業者，他打電話過來我們公司，順便提議一個選項，也就是因為有很多里民在我們公司的土地上做資源回收，導致環境很髒亂，是不是他可以幫我們倒垃圾與維護環境整潔，請求本公司的同意，但不需要任何書面程序。

我當時心裡就想，這怎麼可能，我一定要去巡查土地一下。

結果看到我過去，他馬上把停放的汽車開走，順便跟我解說本公司土地的界址，順便把他以前幫本公司丟棄垃圾的照片翻給我看，言下之意就是他幫我們公司做了很多事情。

後來他又打電話過來說，可不可以將本公司的界址用透明鐵絲網圍起來，以免附近居民亂棄置一些不要的家具與設備，後來他又幾次幫我們清運掉這些大型垃圾。

接著後面的十年，本公司在南港的大型畸零地都請他幫忙處理垃圾的事宜，結果這就是他經營停車場的第一桶金。

他的停車場很特別的是，每一個車主都需要把鑰匙交給他，由他來停車，換句話說，他就像是夜店內的趴車小弟一樣，幫每一輛車都要找到一個位置，也正因為他熟悉本公司土地的地界，加上他負責那一片土地的環境清潔，所以他在整合這幾塊畸零土地上賺了不少錢。

後來，可能是因為與當地居民發生夜間停車的糾紛，他就跟本公司提議承租土地，接著我們就以公開招標的方式對外找承租的包商，可是因為其他鄰接的畸零地都被他承租走了，所以他也就成為唯一的競標廠商，這樣子又過了好幾年，一直到本公司在當地整合所有土地蓋出好宅為

止。

隨著他經營停車場的事業越做越大，後來也開始承租本公司在其他土地上的畸零地，不管是作爲公共的汽機車停車場或者是洗車場，都有不錯的成績。

結果有一天他告訴我，沒有想到他本來是「建築工地的監工」，在「腿部受傷」之後（工傷解聘後），竟然可以「因爲」幫忙協助「清運垃圾」，最後當上了「好幾家停車場的董事長」，這應該就像是「塞翁失馬，焉知非福」的故事典故一樣，自己也才可以做「停車場的二房東」，把事業擴及全省，甚至有這麼多的「親子接觸」時間（小小孩在貨櫃屋裡爬來爬去）。

至於「拖來拖去的貨櫃車」作爲「停車票販售中心」這一點，我也是跟他學的；他說「這間貨櫃屋其實就是附近工地的福利社（停車場的便利商店）」，他說「你不要小看這兩台冰箱與冰櫃，每天都有上千台汽車在停妥汽車之後，還雙手買了一大袋的汽水飲料與結冰水（冰棒與雪糕），順便又帶了些一些檳榔」，業績不輸給附近的便利商店。

他說，他才是眞正的0元包租公，只是這個包租公租給「汽車」與「攤車」使用，後來又把「停車場立體化」，開始「流動式的立體機械停車場」，這人眞的是經商鬼才，天生是「包租公的料」。（後來當年「南港展覽場附近的汽車停車場」，也是給他標走，算是很強的一個停車場個體戶；聽說整地的費用還給他賺走，但這不是我簽的公文，我是絕對不會幹這種「賠了夫人又折兵」的事情。）

房地產有關的Youtube影音：

https：//www.youtube.com/watch？v=BqYXJykqS64

https：//www.youtube.com/watch？v=He942CN-4oQ&t=262s

https：//www.youtube.com/watch？v=jASNglzgmbU&t=226s

https：//www.youtube.com/watch？v=ZH786cUJAGY&t=71s

https：//www.youtube.com/watch？v=S4m_BKxDrm0&t=154s

https：//www.youtube.com/watch？v=jCB1pZYdjQA&t=23s

https：//www.youtube.com/watch？v=PcsBrrNcMkI

https：//www.youtube.com/watch？v=Xhc-79AUDog

https：//www.youtube.com/watch？v=S8tkXU4Uvds

第**21**課

馬上就變出一大筆錢的「例子」

人就像是被限制住在某一個地區的犯人，無法移動，也見識不到其他地區的有趣的地方，不僅地區有這個限制，連思想能力也有這種限制。

大多數人都是按照一定的規律在行事，也就是先有錢再投資，或者是先有錢再學習，或者先有錢再有投資想法，這時我倒是很想問一件事情，也就是說，萬一你這輩子都沒有錢，那先有錢的這個想法永遠沒有機會實現，那是不是就不用投資、學習、存錢或有任何的「投資想法」，換句話說，就是現在窮所以以後也窮，為什窮的人就不能有投資想法呢？

換句話說，如果把這個所謂重要想法擺在前面，也就是有投資想法擺在前面，或者是學習擺在前面，是不是一切都可以有迎刃而解的空間。

這個地方我舉一個租賃金童的故事，當故事主角揹了一身地下錢莊的債之後，在自殺沒有成功之後，他看到失憶前寫下一大堆這一生最想做但卻沒做的小事，像是到哪裡去吃小吃，或到哪裡去泡免費溫泉，他想到他老師說的一句話，也就是你這樣的學歷應該找不到好的工作，結果他問老師，有沒有什麼事情都不用作，就可以拿到文憑的學校，老師說有，有這種助學貸款都幫你辦好的學校，結果主角就跑去讀了，請注意主角兼了四份工作，從凌晨的送羊奶，到早餐店兩個小時的煎吧檯工作，到電容工廠做測試人員，下班後直接到夜校趴著睡覺，下班後又到汐止的好樂迪做大夜班的少爺，下班後又直接跑去送羊奶，這樣周而復始的工作，假日就是在台北車站睡覺，也就是說，主要為了以後能夠找

到一個像樣的工作，把學習擺在第一位。

而當他有投資想法時，他也是總是把投資想法擺在第一位，在哪一個時間點，他根本是窮到無立錐之地。

像：
為了「收租金」，所以買了一間新成屋。
為了「收更多租金」，所以把自己的小套房的門板拆了，讓別人可以自由參觀。
為了「收更多間租金」，他競選主任委員。
為了「收更多地區的租金」，他跑去買了二手名牌的事故車，以充當門面，才不會給代銷公司與銀行拒之門外。
為了當「更大面積的二房東」，他帶領一大堆粉絲去購買預售屋。

「主角」認為，當你有一個投資想法時，錢就會自然出現，他人生的第一桶金竟然是來自他的員工，一個老人，但有存一筆錢但找不到好工作的老人。

大家不要以為聘請到很多員工的人，代表這個老闆很有錢，這種想法是錯的。

筆者曾經有一個購買道路用地的老闆，他旗下有一百多個人，他給員工什麼薪水，您知道嗎？

零元薪水，因為道路用地買賣是有賺到才有抽成，所以聘請一百個員工根本就花不到一毛錢。

這句話，是我們業內才知道的祕密，至於主角在講到這一段話時，只提到仲介公司普專的抽成制度，其實就是「高佣金且沒有底薪」的員工聘任制度。

筆者的第一本書就是這樣產生的，也就是：
1. 借用別人的筆記型電腦。
2. 借用別人的「辦公室」。
3. 借用別人的「知識」與「時間」。
4. 借用別人的演講與教授筆記。
5. 借用別人的「經驗與人脈」。
6. 借用「未來的想像」。
7. 借用「講師費的支付變化」。

也就是說，我打的是「全國最大代銷公司招商經理的名號」，用她的「出書計畫」去訪問她所認識中業界的高手，借用她的筆記型電腦與辦公室，然後（錄音後）再回去她的辦公室跟她一一確認，最後寫成一本「轟動」代銷業的《代銷操盤實戰手冊》（列名共同作者），最後用這本「半成品的作品」，賣到全國最具知名度的補習班，取得「全系列」聽課「不用付費」的VIP身分（《完銷力》這本長銷書）。

如果說，我的「這一段經歷」還不算是「神鬼交鋒」，那我還想請問一下，有「誰」曾做過「更離譜」的事情；就像我此時此刻一樣，短短幾年之內寫成了二十幾本書呢？（筆者是完銷力與智在法拍的作者。）

「一無所有」從來就不會是「我的限制」，只會讓我有「更驚豔的表現」。

PS.

1. 筆者15天內從「保全員」升上「駐區主管」，三個月內升總幹事（新福全大樓與甲山林），六個月晉升「點交物業經理」（中正史坦威），一年內晉升總物業經理（亞太經貿廣場），兩年內進「建設公司」（台肥公司），這就像直昇機一樣，第三年把新竹中華路一帶汽車旗艦店補齊，靠的就是「一無所有」後面的「沒什麼可以害怕」；當你「一無所有」，就是可以「放膽嘗試」的時候。

2. 另外一篇「馬上變出錢」的故事，講的是「瞬間二房東+期貨轉現金+不點交法拍投資機會」的組合，敬請「期待」。

3. 筆者可以說是聽過市面上所有法拍屋的課程，不管是訴訟、共有物、34-1多數決、土地分割與變價分割，才練成這樣的功力，所以「人生」不要只有「一個老師」或「一種說法」（至於以「寫書」的那些其他作者，則沒有機會，因為他們是我書印出後才出現，請注意比較出書日期與時間「向塔木德學做出租達人」一書的「出租達人篇」），否則讀者會損失得更多。

4. 「包租公故事」到底是換一百個不同名字的「同樣故事經歷」，還是像「我的故事」一樣，是一百個「不同過程與經歷」的「包租公故事」；更多有趣的故事請參考底下的兩本電子書，也就是《0元包租公祕笈》與《包租公筆記本》這兩本書。

第**22**課

先有「想法」才有「行動」

先有「想法」才有「行動」，所以大多數的人都是因為沒有「想法」所以才沒有「行動」，至於「想法」怎麼來呢？也就是源於「空閒時間」的創造力。

換句話說，讀者如果沒有「空閒時間」，就不會有「美好的未來」。

有一天我去聽一場演講，講者在過程中問到「轉職準備金」這個概念，並請問在場聽眾有「超過三年的轉職準備金」的人「請舉手」，後來就要求我們每一個人都要去認識這一個人，說這個人未來的成就一定是遠超乎我們的想像；接著講者提到這就是代表一個人的「價值自主性」，也就是如果你認為你值五萬，也真的有人聘用你，您就真值五萬；接著一段時間之後，你覺得自己應該值個十萬，這時也真的有人願意聘用你（用十萬），而且是「用你堅持的這個價格」，你就成功了；一旦你的人生達到這種條件（多少萬由你決定），你就掌握「人生自主性」（你可以決定自己的「價值」與「價格」。）。

接著講師就又開始另外一輪的問答，也就是詢問每個人覺得自己價值多少，還有你為什麼會這麼認為「你的價值」就只值得「這個價格」呢？

事後，我「常常」在想這個過程，問「為什麼我不可以決定自己的價格？」。

直到有一天我遇到一個「比我強」的包租公，他提到他可以決定每一個投資物件的價格，而且都實現了，接著他拿出他的筆記，告訴我這一間他賺到多少錢，包含租金賺到多少錢與買賣差價賺到多少錢，而且這些都是「實現的數字」，也就是「他想賺到多少就可以賺到多少」。

所以說，如果用這個觀點來看他，他以「他賺到的錢」來決定「自己的價值」，所以他一直以包租公的身分活到今天（他是非賣品），所以他認為一個人的「人生自主權」體現在一個人的「時間自由」與「財務自由」（空間自由與思想自由）。

他說，他看到太多人都是可以「被買賣」的（勞力市場），也就是透過「時間」來買賣（鐘點費），這就像是「為五斗米折腰」的「說法」，又或者是「一文錢逼死英雄好漢」的「窘境」，在他眼前，每日都有這樣的「悲劇」上演著。

這讓我想到，有一次我為了改變我某個窮朋友的思維，在兩個月前就跟他約好，在「某年某月的某一天」一起去聽某一個「包租公的演講」，結果當天，突然一個久未見面的工頭打電話過來叫工（百年難得一見的稀客），結果他就跑去賺了這個2000元不到「打石工」的錢（清垃圾苦力），結果回來就先躺三天（累到下不了床）；因為「人老了」就要「認命」，以為自己還是那個「年輕無敵小飛俠」。

當天早上，我就告訴他，他有「六個」不能去的理由，分別是：
1. 「非水電專業」，人家只是叫你去清垃圾。
2. 你是領「技術工的工錢」（對不起乙匠證照），卻去領雜工的錢。
3. 「臨時」叫工，這工頭只是在利用你，今天叫你之後，一百年才會再來找你。

4. 我們約好的「演講」，下一場又是在一年以後。

5. 我是你最好的朋友，你卻放我鴿子，這算是什麼好朋友。

6. 2000元我可以付給你，請你不要去做這種粗工打石與清運垃圾。

也因此，我從此再也不連絡這個「幼年」的老朋友，原因如下：

1. 我看到他會難過。

2. 我無法幫助他。

3. 我無法改變他。

4. 我無法不跟他「吵架」。

5. 他沒有空閒時間，「他的生命」是別人在決定的。

（如果是協助鄰居、教友、巡守隊、救生隊，都還可以接受。）

我寧可「花時間」在「可以改變的人」身上，以免我自己被活活「氣死」。

我有另外一個好朋友，他成功的經歷就真的是在「一瞬間」就從「0爬升到1」，也就是有了他「人生的第一桶金」，雖然不敢說是「多有錢」，但總算是給自己爭取到「無限的轉職準備金」。

事情是這樣的，有一天我們一起去聽了「演講」，他學到「共生公寓」的概念，他認為他的大四房（兩個衛浴）可以當作「共生公寓」來出租，可是他覺得這樣的金額太小（月租金），他覺得可以「賺更多的一點錢」（月租改成入租），所以他把他的共生公寓的其中兩間做成AirBnB的「日租套房改成日租」，接著請我介紹英文老師（外國人）去住其中一件的「雅房」；後來經過了一年，他在路上遇到我，竟然跟我說起英語來了，他認為他的英語現在比我好，畢竟他是每天都在「實戰練習」「英語會話」（真的是井底之蛙，不知筆者「英文文法」之

「強」，「聽寫領域」之「廣泛」。）。

原來，他找了「五個單位」跟他合作，分別是：
1. 服務酒店的物業管理公司，幫他「補充」備品、送洗床單與招攬外國客人。（這家酒店就在他公寓的旁邊。）
2. 他自己擔任Uber車夫、洗衣店、送洗員與導遊。
3. 萬一他「溝通」有問題的時候，他還有一個外國房客可以利用。
4. 他在AirBnB用他請人翻譯的英文與照片。（後來每個房客都幫倒忙，不管是文案撰寫、拍照與群體自拍。）
5. 請樓下的鄰居幫忙準備道地的台灣早餐。（錢會說話，有錢能使鬼推磨，其實是他自己愛吃早餐，請人準備並洗碗。）

後來他賺到錢，把樓上與樓下都買下來，做的都是套房的服務，而且是只租給外國人，不管是外國到台灣的學生，又或者是外國到台灣的英語老師，聽說他後來出國幾次，住的都是免費房客的家，真的是「像鬼的鬼靈精」。

第23課

設想「付錢」的「替代計畫」比「填寫支票金額」要「難上百倍」

「有錢人付錢」只要「填上一個數字」這麼簡單。
「有錢人刷卡」連「填寫一個數字」都不用。

但如果想要當「包租公」的「二房東」，「一定要具備的能力」就是「設想付錢的替代計畫」。

相形於設計「付錢的替代計畫」，設計「拿錢的替代計畫」就簡單許多，但我們一樣來做一個「推論模式」，讓聽眾體會一下這到底有多難？（看起來簡單，其實也是「很難」的一件事情。）

先不講「廣告」的做法，我們先來想像「異業結盟」到底是「甚麼樣的一個概念」。

假如各位真的寫了一本書，書名就叫做「包租公的筆記本」，請問你要怎麼把這一本書「賣」出去？（電子書還會有盜版的問題。）

我就用這個案例來跟聽眾討論一下；其實我們都把「一個人的成功過程」想像得過於簡單，其實這中間會有很多值得「學習的主題」，只是聽眾會直接地把整個過程「跳過」，認為這件事情根本就不「值得思考」。

就像有些「媒體」提到，「誰想要半夜通馬桶？」，言下之意，就是「房東幫房客通馬桶」，而且時間點就是在「半夜」，所以「得出的推論」就是「股票投資」更簡單，比「房地產致富」要「簡單一百倍」，這樣的說法也出現在底下的一本有聲書，也就是 "Rentel Property Investing" 這一本英文書裡面（各位可能有機會在Youtube裡面找到11小時又14分的版本。）。

但該書作者認為這樣的說法是「懶人的說法」，也就是一些「懶得學習的人」創造出來的「藉口」，用這種簡單的方式可以讓自己「不用學習」（避免學習），用這種方式可以「為自己的好吃懶做」提供「合理的理由」。

其實「這個問題」，我問過幾十個包租公朋友（我也沒遇到過），沒有人曾經有過「這種經驗」，為什麼？原因如下：
1. 房客可能不敢告訴房東，或至少等到隔天再說。（馬桶塞住很難）
2. 房東真的發生了這種事情，可就是物業管理公司在處理。（通一通也不難。）
3. 房東真的發生了這種事情，可就是水電工人在處理。（拉出東西也不可怕。）
4. 退屋時，真的發生這種事情，房東請水電過來處理。（退押金。）
5. 房東在「空屋」期間，上了一下廁所，發現馬桶被堵住了。（沒人會塞，有鬼嗎？）
（房客的地位也不像是想像中的「堅不可破」，或者說是「強勢」；又不是你的上司或者是老闆；老闆應該也不敢吧。）

也就是說「半夜」這個「時間點」不可能，就算處理也輪不到房東「親自動手」，加上很多房東有代租代管公司來提供服務，所以這種說法

「極不可能」（物業管理公司也有上下班與輪班的制度，現在也沒有24小時服務工班）。

所以如果回到「最原始的話題」，如果你寫了一本「電子書」，你怎麼讓這一本書可以大賣？

結果，「底下的說法」就出爐了，也就是：（「租賃銀童」指的是「某人」，「路人甲乙丙丁」……等。）

1. 找「租賃銀童」寫序。
2. 找「租賃銀童」線下推廣一下。
3. 跟「租賃銀童」一起開個講座。
4. 找「租賃銀童」在Youtube線上推廣一下。
5. 找「租賃銀童」以外的金銀銅鐵錫聯合代言。

讓我們先來假設一下這些人都願意「買單」，但下一個重點來了，「怎麼算錢的問題？」。

也就是說「賣一本書」，你要「給他們多少錢」的問題來了。

這個時候，聽眾們開始「信口開河地」說了一些「意見」，他們都沒有想到「這種意見後面的涵義」是多麼「不切實際」，像是：

1. 給5%版稅，其實這就代表這些業務配合的價值等於共同作者的版稅。
2. 給10%版稅，其實就是代表代言人的價值等於作者的水準。
3. 給50%版稅，其實代表作者根本就沒有寫這一本書，因為沒有分到錢。
4. 給100%版稅，其實這等於電子書平台都沒有賺到錢，誰要給你放這

本書。

再來就是「時間與效果的界定」，誰知道到底是代言效果或者是自然流量？

最後就是「時間的起迄」，不可能「一天換算一輩子」。

綜合言之，這些「附帶的分錢計畫」（拿錢的替代計畫）都可以把一堆人搞得雞飛狗跳，如果真的大家都要來分配如何共同寫一本書，那豈不是曠日廢時且年代久遠的事嗎？

所以讀者們在事前，就必須常常做這樣的練習，也就是常常給自己出題目，同時必須帶把這些設想的付錢（或拿錢）的替代計畫，拿來跟同儕討論，基本上「多個人」就是表示「無限的希望」，「每一個拒絕」都像是「訓練口才的機會」，直到有一天，有一個貴人說，「那我們就做吧！」。

筆者就有「一本書」的出版，是「七個貴人」「共同討厭我」的「結果」，像是：
1. 看我笑話，笑我不敢寫。
2. 看我笑話，笑我沒有能力寫。
3. 看我笑話，笑我沒有編輯願意幫忙。
4. 看我笑話，笑我沒有出版社願意出版。
5. 看我笑話，笑我書可能是沒有人買。
6. 看我笑話，笑我承擔不起損失。
7. 看我笑話，笑我一句同意都不敢說。

這七個人「有人出錢」，「有人出力」，「有人出意見」，「有人出人脈」，目的就是要看我「真的是寫不出來」，所以在七次「謙虛」之後，我覺得我一點「風險」都沒有的情況下，「不寫出來」太「對不起自己」了。

「投資隔套包租」也是一樣，「買到」就有「賺到錢」，「出租」也真的租得出去，「投資報酬率」也可以產生「淨現金流」，「貸款」也可以貸到「足夠成數」，這你又有什麼「好怕」的呢？

創意的「付錢」方式

改變你的「使用詞彙」，永遠不要說我不能，改成「我怎麼樣才能付得起～付出的可以不是現金，而是其他更有創意的設計，可能是時間、服務與未來承諾」。

先來講一個「年輕的包租公」的故事，他的故事是底下的「幾個元素」加在一起，分別是；
1. 用「租金」付「本利」。（用買屋來替換租屋）
2. 「貸款」來賺「 」租金。（增加一個報酬率）
3. 「讓利」來增加收入。（借屋代替租屋；用賺租金來替代自住）
4. 「借用」他人的經驗與人脈。（「預防萬一」的「財務緩衝」，「現金差額」用「教師收入」補充。）

這個年輕人很上進，因為他知道「我的故鄉」在台中，有一次邀請我去台中參觀豪宅，順便請我帶幾本書去送給主任委員，接著他就開車到高鐵載我去參觀台中所在地的幾間豪宅，原來他的一個朋友是豪宅的總幹事與區域督導，後來在我快要回家啟程回台北的時候，請我給他壯膽，因為他要到某一家電腦補習班面試，後來在我跟負責人聊得很開心的時候，他很自然就得到了打工機會，接著送我回到家之後，又請我「教他如果教Excel」這個軟體，接著我就把以前的講義與錄音檔送給他；他在一個下午與晚上之內給自己創造幾個收入。

首先他必須讓別人相信他是一個有資源的人，所以他帶我及他的好朋友

去參觀豪宅，接著他又希望可以有一筆穩定的現金流，所以帶我跟他去補習班面試（本來補習班以為是我去面試），後來拿了我的講義與錄音檔回去準備「如何授課」。

後來我打電話給他的好友，他的好友才告訴我底下的三件事情：
1. 他買了一間很低價的中古屋，用「租金」支付「房貸本利」。
2. 他把其中的三間房「轉租」給他的同學。
3. 他現在暫住在他好友家，他「承諾」如果賺到錢，他會給他十分之一。

至於他「承諾」他「如果賺到錢」，又是個什麼樣的條件呢？
1. 如果他賺得多，就給得多；沒說到的是，賺得少就給得少；「沒賺」就「不用給了」。
2. 他是以給「十分之一的不確定利益」，換來他同學的一個房間（確定）。
3. 萬一他銀行升息，他已經給自己找好了補習班的工作。
4. 萬一他房子「出租不出去」，他至少可以自己搬回去住，也就不用給十分之一的分潤。
5. 十分之一指的是賺到的租金，而且有期間的限制。
6. 聽說頭期款還是另外的同學借給他的，年利率為2%。
7. 他請我在書上簽上名字，送給他所有的利害關係人（此次交易的所有人）。

只經過大學四年，他就給自己「累積了第一桶金」（第一個200萬）。

當他父母收到他兒子的房屋稅單時，緊急打電話給我，他們以為兒子跑去做詐騙車手，不然怎麼會有那麼多的現金可以買一間房子，還持續地

每一個可以產生租金收入，我告訴他們這是用父母給的租金買的房子，現在也差不多還清了「貸款」。

後來聽說他轉租給上班族，不僅租金較高，而且交租也較為「準時可靠」。

經過了好幾年的「平安夜」之後，有一天晚上，打電話給我，這小子不知道從哪裡得到訊息，知道我在某補習班有講授法拍屋與預售屋的課程，竟想來當我的免費助教，說是要「免費」接送我「上下課」；其實又要來賺「免費知識」，這就是「我喜歡他的原因」。

PS.

1. 沒想到有一天，又送禮到我家（茶葉罐），這時是講「請我主持一個英文書的讀書會」，「採用的書」有兩本，分別是：
   "The book on investing in real estate with no money down."（零元購屋）
   "Rental Property investing."（租賃資產投資）
   請問各位知道他心裡在「想什麼」嗎？
   我又不是「笨蛋」，但這就是「我喜歡他的原因」，「創意的付錢設計」。
2. 也許「假裝笨蛋」太久，人真的會變「笨」喔。

「問十次」，「問題」會「改變」

問十次，問題會改變，這在日本有一種說法叫做「5 Why」，問「為什麼」5次（五個階段或五個層次）就會把「真正的問題」找出來。

我一生學了很多知識都沒有「機會」用到，但我還是「覺得很有趣」，畢竟有這些「暴力手工具」，我幾乎是無所不能。（修繕與漏水更是我的強項；但我沒有那麼歹命。）

「問十次」，這一次我們用在「房地產投資」，這可以產生創意組合，尤其是「我如何可以買下它」這一個階段，請在「不使用自己的現金」作為「主要規範條件」。

至於「為什麼不使用自己的現金」，原因「很簡單」，就是自己沒有錢，如果用自己的錢的話，這就是就會變成「不可能」（請千萬不要養成說「不可能」的「壞習慣」，因為這三個字「限制」你的「人生潛能」，把你自己做「小」了。）。

所以我常說的「問題會改變」指的就是「下面的階段」：
1. 800萬未殺價的問題。
2. 500萬殺價後的問題。
3. 100萬頭期款的問題。
4. 100萬裝潢款的問題。
5. 跟銀行貸款的問題。

6. 6%報酬率的問題。

7. 產生淨現金流的問題。

8. 出租的問題。

9. 「租金足夠付貸款本息」的問題。

10. 「出錢」變「不出錢」的問題。

11. 「置身事外」的「準備」與「緩衝問題」。

12. 計算「賠錢」的金額，知道自己「知識不足」之處，加強再加強。

當然「最重要的條件」是又會回到「有錢人做好朋友」，這就又回到「遇到一大群的有錢好朋友」，又或者是「創造一大群的有錢好朋友」。

不管讀者相信或不相信，我有一次在買房出現「資金缺口」的時候，我朋友幫助我「所開出來的條件」竟然是：
「把他兒子的英語變得跟我一樣好，在一年以內。」

換句話說，我的「操作空間」有三種「變形」：

1. 教不好，一年內還錢。

2. 教得一樣好，一年後還錢。

3. 教得比我好，可能～永遠都不用還錢（那要看小孩有多頑劣）。

那我除了可以教「英語」以外，我還可以教會計（或多變量分析或計量經濟），也可以教電腦（寫程式或樂高積木），重點是我每個好朋友都有望子成龍的心態（平常人我還不教，是您的公子才請得動我），我還有「很多很多個好朋友」。（教兒子行，教老爸更行。）

換句話說，「問題」變了，「我的問題」變成是「別人的問題」（很多別人搶著幫助我的問題），「現金問題」變成是「非現金的問題」，當我自己沒有錢的時候，這「十問」讓我可以買到任何可以獲得「淨現金流入」的「資產」。（請問「哪一本書」在「包租代管」領域「影響您最深」？請不要告訴我是「窮爸爸富爸爸」這一本書，因爲「包租公筆記本」與「0元包租公祕笈」這兩本電子書「已經出版」。）

請注意，每個人有會有「持續」發生「瞬間」沒有「大錢」的窘況（我應該不會，請看附註1）；因爲「百萬」往「千萬」看，千萬往億看（億往兆看），而「擁有一間的」往「擁有兩間的」看，「擁有兩間的」往「整棟」看（「整棟」往「整排」看）；只要讀者有「一直成長」的「需求」，都會有「剛好缺下一筆大錢」的一天。

當然也有人想當那種「什麼都不會」的包租公（「窮」到「只剩下錢」），過著「娛樂至死」的「生命價值觀」。

但我不是，所以我會「充實」我的人生，也會不斷「創造」我的人脈，但我也希望我不會是下一隻老虎（台中吳青溪）或著是下一個王派宏，在宗教上與道德上我希望我可以過得了「針眼」，睡得著覺也上得了天堂。

「無殼蝸牛」，請開始您的第一個「十問」！（「學習」比「努力」更重要。）

PS.

我是一個認爲「清修」可能會比「金錢」更重要的人（錢一點都不重要），所以我應該沒有「下一筆大錢」的需求，自然就沒有老虎團隊的「貪婪與困境」；「提早退休」的「另一條路」，除了「擴大分子」以外，也可以「縮小分母」，把「被動收入」做成「基本開支」的三倍就可以退休了；寫書但不吸金也不開補習班，自然就沒有必須潛逃國外的宿命（人人喊打，何必呢～）。

第26課

「價值」極大化

「價格」並不等於「價值」。

價格是你付出的現金，價值是你得到的價值，滿手現金的人最容易犯的錯誤是「買貴了」，連「想都不想」的結果，不僅是沒有「殺到價格」，連「不用錢替代方案」的「創意」，都給抹殺殆盡。

首先我們先避開第一個問題，也就是「初學包租公一定要學法拍屋」，因為這種人不會「殺價」，如果又想「買到便宜」，「法拍第三拍」是最好的進入點。

接著我們來想，假設我們真的付了錢，就可以學到法拍屋中我們所要知道的一切嗎？大多數的讀者都以為付錢就可以解決一切，這種理所當然的原因，就是拉開「年輕的我」與「其他初學者間」法拍知識上的差異。

我想說的是我會在休息時間站著聽其他同學的問題，我會在下課時間陪著講師走到他停車的地方，我會陪著講師坐捷運走路回家，我會請講師吃消夜，請問哪一個讀者會這樣做呢？

更有趣的是，我會在第一堂課上課前就跟所有同學協議，請「跳級」的同學（低階班都沒有上過課），不要問簡單的問題，並懇請高級班同學可以彼此協助，甚至加上我個人的一個保證，也就是你不問問題，絕對可以從我身上知道得更多，萬一你堅持要問很簡單的問題，我們高階班的同學不會讓你浪費老師的時間，且會進一步要求補習班「退你錢」（招生管控不良的結果），不然「我們高階班的同學」會全額「要求退費」。

也因此，所以「最後」只有「我們這一班的法拍課程內容」是「名符其實」的「初階班」、「進階班」與「高階班」都是不一樣的內容與不一樣的講義，因為講師還為了我們這一班特別準備額外的教材，以免我們會講「這老早就講過了，不要講第二次」，老師「裝糊塗」，學生也會「裝糊塗」。

至於其他班，就我個人所知，初階班、進階班與高階班都是「一樣的內容」，都是在講故事，連點交或不點交都沒有區分，連分割與多數決都搞不清楚，反正就像是閒聊，幾個亂問的學生加上一個很會講故事的老先生，在開心娛樂的氣氛下，發現自己「出來時」跟「進去時」一樣（無知），雖然這是十幾年前的經驗，聽說現在還是一樣，因為講師實在是親切的大好人，總是讓劣幣驅除良幣。

十幾年後，我剛巧遇到了其他班某一個我認識的同學，這次他是來聽我講課的，他說他看過我的三本法拍相關的書（向塔木德學做租屋達人、智在法拍與智障法拍），沒想到我們都還曾經是同一個講師，他說他在看過我的書之後才真正地清楚到沒有學到什麼，聽過我的課程之後，才真正有全盤地與系統性理解（也許是禮貌性說法。）。

後來，我笑笑地問他，他是不是已經上過「同一個講師很多次同樣的系列課程？」他說「你怎麼知道？」接著說「還有其他的時段是到不同補習班，卻選上同一個講師的多次經驗」，我說，這就是有錢人的「壞習慣」，以為頂多就是「多付幾次錢」，「問題」就可以得到解決，沒有想到「不用錢的替代方案」；同時也浪費了十幾年的光陰，本來是老人的他，現在看起來又更老了一些。

「價值極大化」是一個包租公非常重要的語彙，這象徵是一種自我控制權的能力，也可以說購買時就賺到是由我決定，買前就租出去也是由我決定，做高租金與投報率都可以由我決定，換句話說，「賠錢」其實就等同於知識不夠，所以才會有「計畫的現金流都沒有實現」，或者是「預期的租金價差沒有實現」，又或者是要求的「投資報酬率無法實現」，不管是「殺價殺不夠」、「裝潢回收期不夠短」或者是「租金調的不夠高」（客層鎖定不對）的細部項目。

也就是說，買的時候（簽二房東租約的時候）就已經決定「以後會賺到多少」；絕不是等到「出租不出去」或「賣不出去」時，才知道自己「損失多少」。

PS.

雖然**王派宏**最終是棄保潛逃，但他也是一個「價值最大化」的高手，我聽過一個「魏姓知名講師」年輕時候的「故事」，他說那時他在做仲介，也跑去學一些房地產理財的相關知識，剛巧他對「包租代管」有「深入的研究」，這個「**補習班的老闆**」就建議他出來講這方面的議題，這樣一講就經過了十幾年（北中南跑攤演講），從此點，各位可以理會**王姓商人**將「價值最大化」用在四個地方：

1. 學員進來要繳錢，升等講師要賺錢。（生涯規劃個階段的賺錢。）
2. 北中南到處開講座。（地點的最大價值化）
3. 用遊戲盒（富爸爸101與202）賺錢。（招收「高額會費」會員）
4. 用信任感（保證獲利）來吸金。（用室內設計來賺錢）

第27課

「事緩則圓」的概念

「用多餘錢「投資餘裕」的重要性」，一個老前輩告訴我說。

針對這一句話，我的老師，告訴我，「當一個包租公」在「時間掌握」上要非常迅速（行動），對自己則是很清楚「成本」，對外則要善用「餘裕」的概念，重點是用在「說服其他有錢的老人」。（「說服」不總是「要用到嘴」，心隨境轉，哎呀，你還太小，不懂啦！小孩子有眼無口＝沒有心眼。）

後來，另外一個包租公告訴我（解釋我的疑問），如果你今天把薪水袋裡面的四萬元丟掉，感覺上就像是你丟掉了三十天，可能好幾十天都「打不起精神」來。

如果你今天掉的只是一張獎券（夾在書裡），剛巧你老媽（之前）把數字抄起來，你一對照「公布得獎號碼」，發現你中了四萬元，這時候你的感覺跟前面的丟掉薪水袋比較起來，就可以說「不算是慘痛」，又或者你會安慰你自己說，搞不好是你老媽抄錯號碼，接著享受阿Q式的快樂（阿Q式＝騙自己。）。

有一天，我的老師告訴我，要我跟他去拜訪一個老房東（其實是獨居老人），後來我靜靜地聽他們的對話（心眼打開），我才發現「如何」應用「餘裕」與「事緩則圓」的概念來「增加自己的事業」。

這整件事情是這樣的。

老師勸他的老鄰居，搬到他的套房大樓住，結果要求幾個員工搬到老鄰居的家裡住（順便看房子以免小偷光顧），接著用員工繳付的資金幫老鄰居做了一個鐵皮屋的屋架子（剩餘租金還給老鄰居），讓老鄰居「未來」「搬回來的之後」可以在頂樓「曬衣服」與「曬棉被」。

請注意的事項有下列三個重點：
1. 老鄰居住套房大樓是免租金的。
2. 員工搬到老鄰居的雅房是要付租金的。
3. 老鄰居的四樓上頂樓鐵皮屋是用部分租金來支付工程費用的。

結果，經過了兩年，老鄰居只搬回來住一天，第二天就把房子委託我老師包租代管，這時套房大樓與包租代管的租金同時啟動，老鄰居永遠過著幸福快樂的日子，而我的老師又多了「十間套房的租金價差」可以賺。

其實就我所知，這位「老鄰居的舊棉被」都是老師委託「洗衣廠商過來收取」，請員工代為開門，印象中，四樓上面的屋頂平台都是鎖住的，那為什麼要多安裝一個「鐵皮屋屋頂」呢？

後來還在屋頂平台的四周做隔音柵欄，表面上是「像植生牆」，其實是「一整牆的假花假草」。

講到這裡，其實我「想講的東西」都已經「講完」了，不知讀者看出來了「沒有」。

我常說，現代的學生都太幸福了，要是我們「以前」在「學習」的時

候，老師都是「愛說不說」的，甚至是「愛猜不猜」的（理睬像不理睬），通常只是帶我們去到處喝茶，順便把我們當作下人使喚，又是買吃的與買喝的（跑腿），還要我們自費掏腰包（當盤子耍；台語用詞），一不小心還會被「紙捲」來個「悶頭一棍」，就是要我們想出心得，來向老師「報告」，不然就是被罰唸報紙剪報一則（符合此情此境），至於孺子不可教的話，很多同學都會跑來跟我請教，看起來我像是學霸，不管走到哪個世界都一樣。

雖然是如此，過去幾十年，我還是那個最愛「跟」的「拖油瓶」；其實老人家是有很多智慧的，端在您懂不懂得善加利用。（年輕人很難聊，）

對我而言，「最親切的老話」還是「小伙子，跟不跟？」

最後分享一個「疑問」，老鄰居「不回去」住的理由（經我個人私自訪談的結果整理如下）：

1. 不用「爬樓梯」。（由儉入奢易，由奢入儉難。）
2. 每個月有很多錢可以拿。（二房東包租代管）
3. 出門有警衛開門，收信有祕書可以讀信。
4. 出門不用帶鑰匙，三階段的人臉辨識，大廳有警衛，電梯有祕書，門口有人臉辨識器。
5. 社區景觀公園內有一大堆叫他爺爺的「小孩子」（或外面丟進來的野孩子，自成一個生態系統）。
6. 在社區大廳可以「自動」找到「牌咖」。

誰想回去一間沒有「人情味」的監獄呢？

其實這就是「我老師」的一個「局」，另一個「幸福的監獄」。

包租公你是「制定」規則的人，
你怎麼會「輸」呢？

我請問聽眾，不知道各位會不會做這種事情？

剛巧你在吃麵，看到某一個客人手上有一本好書，而且是圖書館借來的書，你請他將看到一半的書先借給你看完，看完了你幫他還，有可能嗎？

這個動作，你必須在3分鐘內讓對方信任你，否則就功敗垂成，除此之外，必須排出對方的風險，增加對方的誘因，必須考慮：

1. 萬一你沒把書還給圖書館怎麼辦？
2. 萬一他只看到一半怎麼辦？
3. 萬一你是個騙子，怎麼辦？

我常做這種事情，我老師也常做這種事情，只是我的目的基本上都是在「這一本書」，因為我算是個書痴，但我的老師的目的在於「結交這個朋友」（開發「客戶」與「可做二房東來源」的「大房東」）。

常常在陪「老師」吃麵的時候，他都會告訴我哪一個人是包租公，又哪一個人是包租婆，接著我問老師，您認識它們嗎？老師說，看就知道，何須認識，接著就跑去跟別人併桌吃麵，後來還跟別人有說有笑，這就是我佩服我老師的地方。

後來我在上課的時候，偶而也會玩玩這些小技巧（老來瘋），像是我們班現在缺50片DVD，我馬上打電話請某個人免費送來，又或者請同學們

自告奮勇去樓下的文具店自費買一盒上來，還借用其他同學的筆記本燒錄器，發給同學一些我個人的心得與筆記，讓同學體會一下，「沒有錢的創意」才是一個人一生的資產，如果我可以設計一種「互利方式」使路人甲掏出錢來三次，一次金額比一次還大，「事後」還不會有「被詐騙的感覺」，你就成功了。

至於我那一片DVD當中有那些東西呢？
通常是我畢生上課的簡報與演講稿，甚至一些掃描檔與錄製錄影檔，而且我知道有哪幾個學生一直想跟我要，但我找不出個獎賞他的理由，所以在不經意的某年某月某天，我就可以在課堂上開手機「擴音對話」，對話中告訴他，我的同學需要50片的DVD，給他「五秒決定」是否是馬上送來一盒（50片），否則請再等個500年（因為我久久會瘋一次。）。

結果通常是台下的學生馬上舉手，要到樓下去自費「買一盒」，接著我就掛了學生的電話，我想要告訴我學生的是，「時間」才是人生中最重要的東西。（「買DVD的人」還有一個「權力」可以決定哪一個同學可以有「備分」「複製品」。）

筆者認為，如果面臨「機會」或「風險」都搞不清楚，這種朋友「不交」也罷，如果連一頓飯500元都「玩不起」的人，這輩子也很難得有「出人頭地」的機會。

想說的是，包租公雖然有的是「錢」，但錢不可以買到「朋友」，錢也買不到「愛情」，錢也買不到「正義」，更多的技巧都是透過「沒有錢的故事典故」中學來的。

到此，「本篇的目的」講完了，包租公是「制定規則的人」，你怎麼會「輸」呢？（輸，您也是最輸得起的人；輸得起就等於「遊戲」；等於沒有「得失之心」；等於「學習」。）

不管是對「房客」，又或者是「賣屋給包租公」的「買方」，又或者是「租給二房東」的大房東，「輸了」其實就等於「有學習空間」，這就是另外一種「得到的樂趣」（不然「人生多無聊」；這就是「投資餘裕」的好處；不置身於「投資風險」與「部分外包」的好處。）。

請問各位讀者，如果十年前（一無所有）跟我談判合作案「破局」的人，今天在我衣錦還鄉之際想要跟我談合作計畫，您覺得我是把這個機會「讓給」新朋友，還是直接「取消」這個機會呢？（因為沒有「你」不行，所以就「不行」吧。）

反觀，如果是十年前就很欣賞我的人來跟我談，就算明明已經猜到會有所損失（輸得起），還是給好朋友創造一個機會，賭一賭看（小賭注大生意），我相信「天公疼好人」會「常常發生」。

PS.
如果看得「有點吃力」，請「再相信作者一次」；我也常看「我自己寫的書」，還常常有「意外收穫」；筆者也會試著「努力」把「議題」寫得「更精采且清晰可見」。

第**29**課

設計「過程」來制約「行為」

我通常很重視房客的「安全」，加上我懂得「機電整合」與「弱電系統」，所以我也會試著創造出「更安全的環境」。

當然跟其他包租公學習也可以看到其他更優的選項，像是：
1. 付現金買電費的「電費儲值卡」。
2. 請隔壁屋主合作出資購買「電梯」。
3. 「優化」共同走道與雲端監控系統。
4. 瓦斯熱水系統改成「電熱水系統」或「熱泵系統」。
5. 「瓦斯偵測」、「溫差」與「煙霧警報器」。

有一次，我的女房客懷疑有人在她套房外逗留，那怎麼辦呢？
我想與其大家「懷疑東」「懷疑西」，乾脆跟所有房客說，我現在裝設一組雲端攝影機，而且是有備分180天的雲端攝影機，歡迎有疑問的人，可以下載APP線上觀看，從此之後，女房客只要感覺到套房外有人逗留，打開手機就可從走道一路看到底，加上我的走道設計得特別亮，多軌「走道燈」，所以這個「安全的疑慮」就解決了（還隨時可以調整。）。

同樣地，「電費儲值」卡也是具有「多重目標」的「設計」，像是：
1. 「電費後付」改成「電費預付」。
2. 「付錢的動作」可以「節制」開冷氣機的「時數」與「設定超級低溫」。

3. 少了「人工抄電表的動作」，也少了「零錢劃撥」的需要。

4. 人到底在不在的「二度確認功能」。

就像是「羊毛出在羊身上」一樣，以前的「斷水斷電」從「不理性」變成現在「使用者付費」的概念。

這個概念也引導到「門禁卡」所謂「拒絕服務的做法」一樣，就像是「飯店的門禁卡」如果「遺失」被「撿到」，進去飯店還是沒用一樣；原因就在於設定起訖日期與特定空間，一旦時間改變了，這張卡片就必成「廢卡」。

同樣地「指紋辨識」與「人臉辨識」也是有「時間設定起訖點」的資訊管理系統，所以「遲付租金的風險與成本」都增加許多，最重要的是「進出紀錄」還留在「雲端」一份，算是防止房客「遭竊」的「更進一步保障」。

也可以說，如果房東在「頂樓曬衣陽台」，再加裝一台「動態影像攝取與隱形圍牆」，那麼就算是「整棟禁止吸菸」的「住宅公寓」，在入住房客篩選的過程中被某一兩個吸菸客「混進來」，有了這種設備就可以作為「租客篩選機制」的「參考」（也就是「來年」不在「續約」）。

筆者曾經跟「某一整棟」的「物業管理經理」約在「該整棟禁止吸菸」的「頂樓」討論某些「議題」（2020年6月7日），結果就正巧看到某一個來不及把菸熄掉的「吸菸族」，匆忙地把菸熄掉，但他以為我們兩個只是到頂樓聊天的住戶，他竟然不認識整棟樓的管理總監，接著筆者看了一下頂樓四周，沒有攝影鏡頭，所以這一棟樓中「吸菸的人」應該會越來越多（可見的未來），畢竟少了一個「設備」，雖有「住屋公約的

規定」，恐怕難以具體落實，這就是「配套有關」的「想法」。

最後分享筆者聽到的故事，有一個包租公為了避免房客在套房自殺，除了裝設一氧化碳感測器以外，還把感測器的斷電迴路上裝上一個自動撥號系統，也就是說當一氧化碳感測器失效的時候，他不是委託物業管理公司去「換電池」或者是敲門以了解「異狀」，甚至在所有窗外裝設「防止墜樓」的「隱形鐵窗」，最後還將所有的「窗簾拉繩」訂做成「一拉就斷」的棉繩，他說只要「超過20公斤的物體」掛在這上面，這繩子就會像「可分解衛生紙」一樣地「斷開」。

可以想見的是，包租公這個事業應該是「與時俱進」，不斷吸收更新的「知識」與「設備」。

房地產可以善用「內線交易」

「內線交易」是股票投資的「非法犯罪名詞」，也就是說內部知情人不可以用內部所掌握的資訊來炒作股票獲利。

可是房地產可以，在這裡講的不是「炒作」，講的善用每一個「點點滴滴的資訊」，讓你在「最低點」買入，也在「最早的時間」買入。

舉個例子來說，報紙上有一篇逆子的新聞，他長期在大陸工作，自然就部會孝養在台灣唯一的母親，幾十年來放著讓母親自生自滅，終於有一天她母親中風病倒了，這個逆子回台灣只做了兩個動作，第一個是把母親送安養院，第二個就是把房子賣掉。

買屋的人看到這個老母親滿屋子的收藏，加上這個買屋的人也是識貨的人，他就把房子買下來，「處理這些東西」也許對別人來講是個麻煩，對屋主來講卻是一個寶藏，這就是內線交易。

買過中古屋的人就知道，其實老房子就是有陳年累月的歷史問題需要處理，有很多內部糾葛的利益需要釐清，可是一旦真的時間拖久了，這個問題竟然就這麼解開了，我遇到很多這種類似的問題。

底下的情形都還算是「常見」，像是：
1. 只有土地權狀。
2. 只有房屋與部分的土地權狀。

3. 有房屋權狀但沒有各樓層分割。

4. 有房屋權狀但多人共同持有。

5. 有房屋權狀，但權狀是某一家公司的名字。

6. 有房屋權狀，但權狀是某一家公司的名字但公司已消失。

先來講兩個案例，兩個都是買部分土地但結局是不一樣的例子。

成功的例子，這老房子沒有權狀，爲兩兄弟持有，結果因爲房子的屋簷已經倒塌，所以這房子一直接歸我老師代管，其實早期的代管講的是鄰居間的互助，幫忙注意一下，並得到可以在其門前停車的好處。

後來開始招待這對遠來的兄弟，坐在我們的店門口躲雨與喝茶聊天，加上這兩兄弟彼此之間不合，所以這世上唯一跟這兩兄弟最好的朋友就是我的老師，突然有一天兩兄弟不約而同地想把房子持分賣給我的老師，但彼此都附帶一個條件是，永遠不可以給兄弟對方買去，後來我的老師就分別的買到兩個一半的土地產權，最後整合成危老重建，這算是成功的例子。

另外一個失敗的例子是某一鄰鄰長的故事，這老房子一樣是沒有權狀（兄弟繼承共有），其中一個弟弟把土地持分賣給鄰長，因爲弟弟已經獨自住在這裡二十幾年，鄰長想如果他把這間房子違法增建到五樓，基本上有40幾間套房就可以吃穿不愁，加上他自認黨政關係經營得不錯，他眞的就從一層樓蓋到五層樓。

蓋屋期間，鄰人舉報「都」無效，從早期的「找不到查報地址」、「無違建事實」，到「終於」拆除舉報成立（提供照片與錄影，還要證明時間），結果還是在「五樓」屋頂上的「某一小片屋頂雨遮」，拆起

來「拍照」，接著再鎖回去，這樣就叫做「拆除結案」；可以想見這事情有多離譜，也就是「一樓偷蓋到五樓」，除了告發人要負「舉證責任」，最後可以在五樓「開始」的「第一個拆除動作」上「結案」，這讓我理解到「公務員是個肥缺」的「歷史現實」（2015年左右的現代故事）。

後來這件事情如何「可以得解」，原因是「周圍四面八方的矮房子鄰居們」不習慣這種「現狀」，突然被一個「五層樓」且「不斷長高」的「磚造違建」所遮住，不僅「衣服曬不乾」，而且「透不到一絲的陽光」，終於啟動「尋人模式」，找到「早已搬出去」且在「外面成功立業」的大哥，雖然兄弟間已經有幾十年「都沒有見過面」，但大哥對小弟的「無所事事」加上「盜賣祖產」的這一件事情「很有意見」，所以一狀告到民事法院，最後判決是「拆屋還地」，所以這件事情讓街坊鄰居「喜極而泣」，高興的理由是「終於」可以不用擔心「大地震會用這五樓違建砸毀它們的老房子，周圍只有一層樓建築的透天厝群」。

換句話說，如果這個大哥「沒有錢打官司」且「可以睜一隻眼閉一隻眼」，這群「多出來」的「類921」的「潛在受災戶」，將會成為「未來」的「歷史悲劇」。（不是被震倒，而是被五樓違建壓垮的一層樓透天厝群；四面八方都有。）

最後做的結論，這兩個案例就是懂跟不懂兩者之間的比較，如果這個惡鄰長不是這麼倚權杖勢，不是這麼的目無法紀，他確實是「有賺錢的機會」，利「用內線交易資訊」賺到錢的機會。

第31課

拿「包租公的人脈」當「槓桿」

「槓桿」有很多種,「財務槓桿」是一種,「人脈」與「知識」都可以算是一種,重點是「如果透過這些工具來達成你的目的」。

我舉一個例子,有一次我在網路上看到一個「隔套包租的開箱影音」,聽說這是個整棟隔套包租的案例(秒殺競租),而目前內部套房開箱介紹還在「後製」當中(出租後就看不到了),所以我就趁著星期假日跑到這棟的大門口,帶著攝影機與錄音設備,藉由訪問「已入住房客」,來了解整棟「各層樓設計風格」的不同(「有辦法的人」不用等)。

有讀者問我,這不是很難的一件事情嗎?我說,「這不會的,相比於『被法拍債務人的不理性』,我都『進得去』。」更何況是這種剛搬進去喜氣洋洋的新房客,只是要記得四個重點:
1. 送個小禮物,筆者送的是波霸奶茶與親筆簽名的書。
2. 時間縮短為3分鐘(請求的訪問時間就是這麼短,還請他介紹其他人)。
3. 最好是穿拖鞋剛好買早餐回來的人,這些人沒有「時間壓力」。
4. 送他們一份問卷表,這讓他們心安用。

也就是說,「包租公的腦袋」就像是「創意印鈔機」,沒有什麼可以「難得倒」包租公的。

就像是目前這一本書「出版」《包租公筆記本》,現在已寫到兩百多

頁，字數遠超過十萬字，原本是打算「募集其他包租公的文章」，可能是因爲「時間過短」或者是「宣傳不力」的關係，稿件「零零落落」且「姍姍來遲」，這個時候我該「怎麼辦呢？」。

我馬上啟動「交朋友模式」，開始打電話給「認識的包租公」，接著請每個人都幫我「介紹另外三個包租公」，後來約好時間，我就帶著「攝影機」與「錄音筆」去拜訪他們，接著請他們自己列出「初學者的問題」，接著請他們自己來「回答問題」，又或者我用「張三的問題」去問李四，又用「李四回答的觀點」去給王五「評論」，接著我就拿著「錄回家的影像與聲音」檔，接著開始寫出這些文章，也就是各位目前所看到的六十篇文章，「完整」的一本書。

重點是在這整個過程，我到底是花了多少錢？
基本上是「零元」；
除了認識一大堆的包租公朋友外，他們都還請我「吃飯」，據他們的說法是「來者是客」，他們就像「地陪」一樣，還帶我去看他們目前「正在招租」的「空房間」，分享了很多包租公的「巧思」與「管理想法」。

如果今天訪問的是丐幫，我想我可能要捐獻不少錢，畢竟一個比一個窮，一個比一個可憐，所以給一些訪談費也算是個合理的說法。

這就是拿「人脈」當「槓桿」的說法，其實很多「網紅」都是用這一招，也就是用「一個麥克風」當「藉口」，訪問「幾百個已經成功的名人」，接著把自己「捧紅」，用的都是「同樣的一個招式」。

所以我常問別人說，「你是一個經驗做40年」，還是「400多個經驗做

一年」（本書是400個經驗做40年），這象徵每個人的學習力與經驗的成熟度；基本上「能夠成名」，就是個好方法，「成名」要趁早；網紅就像主持人一樣，只要「來賓」夠強，「節目」就可以紅紅火火。

但「少有人」會把這個方法用於寫作與收集材料；這也像是「努力工作的人最懶惰」的說法，因為努力工作的人腦袋中只有一個方法，就像一把鐵鎚，遇到所有的問題都是努力的敲下去，所以才會造成別人眼中的「冤獄」與「不愉快」。

其實這整個「出版計畫」，還是有好幾個「B計畫」與「備胎人選」。

像是筆者「祕密」聯繫幾個「包租代管界」的「名人」，請他們「多寫幾篇文章」或「寫推薦序言」，這個是屬於「特定人邀稿的部分」（絕對不會石沉大海），比較沒有甚麼大問題，怕的只是萬一他們「真寫出來」（太晚寫出來），但已經沒有「篇幅頁數」（32頁基數為最經濟版面）可以將他們的文章「排進去」，這才是最大的問題，畢竟「誰被邀請但沒有被刊出來」是一個「很敏感的議題」（千萬不要得罪包租公這種「有錢有閒」的人）。

其實大多數都是「時間拖延」的問題，也就是有的人「寫個序」需要一個月，「需要一年的」也大有人在，所以「出書」為了這種原因而「延遲」（名人推薦序），是出版社「最不容易接受」的「藉口」（這也是《完銷力》沒有推薦序的原因，因為代銷大老闆們都太忙了。）。

最後一種情形，就是本書「遇到的」，本來有留100頁，要給另外一組兩個共同作者各寫15篇文章（全書60個主題），可是隨著時間一天一天的過去，筆者我從寫完15篇，超過30篇時（我們這一組），另外

那一組的這些共同作者稿件如果還沒有趕出來，通常我就會將這15篇「補齊」，畢竟「我訪問包租公」可能要比「包租公自己寫出來」要快很多；如果加上「一個包租公」介紹另外「三個包租公」的這種「助力」，我就會「面臨」到共同作者人數上的「限縮決策」，也就是原先是從「四個共同作者」，最後變成三個，不得已才會變成兩個或一個。（四個作者一起撰寫與訪問，都是爲了時間的精簡效果。）

PS.

1. 「時間」是最重要的資產，除了「消失後不會再有」，「時機」中的「機會」也不會等他（們）。
2. 「知識」不一定要「付費」，就有一個「網紅」是透過「訪問包租公」來「學會包租代管的知識」；這又是更高的一個境界（外國案例）。

「創業圈」的「借用」

「創業圈的借用」是「什麼樣的一個概念」，也就是：

1.「什麼都不是」的「一無所有」。

2.「什麼都有可能」的「無限等級升等」。

主要借重於「三個技巧」，分別是：

1.「抄一百個」就不算抄。

2. 國小教幼稚園，幼稚園教小嬰兒的「階段性」。

3. 機會通常在能力之前，「想像力」永遠落後於「能力」。

我本來想跟一個補習班「商談」一堂漏水的討論課，我講的就是我在包租公過程中的「漏水處理經驗談」，我想請問各位讀者的問題是，如果我有「案例」，有「場地」，有「材料介紹」，加上我有這樣的一本書「防水查漏獨講堂」，請問各位讀者願不願意拿出200元的場地費，來聽一堂兩個小時的漏水問題分享，重點是「這與包租公的議題有關」（最常見的難題）。

後來，這個電話我沒有打出去，因為我真的好忙，順便工商廣告且預告一本新書，2020年七月《智在法拍第二集》（紙本書）在博客來書店開賣了。

在此分享「題綱」的同時，接著，我們就來思考一下，為什麼一般讀者為何這麼怕「漏水」的原因，而我卻「不怕」的原因，甚至可以說是樂

在其中的原因（學習的「積極性」）。

原因有五：

1. 敲竹槓的趁人之危（黑心建商）。（小變大，大變重工，重工無效就跑。）
2. 「晴天」可以修但「雨天」不能修（工具與材料限制）。
3. 永遠是「延後修」而不是馬上修。（能力限制）
4. 永遠都是「一次修」而不是「多次修」。（泥水工限制）
5. 「一招」行騙「天下」。（懂「施工」卻不懂「檢測」，懂「防水」不懂「查漏」。懂「塗布」卻不懂「深度鞏固」，懂「晴天施工」卻不懂「雨天急救」，懂「堯」而不懂「舜」，懂「液體」卻不懂「硬件」，懂「堵塞」卻不懂「疏導」，懂「單一工法」卻不懂「複合工法」。）

換句話說，「解藥」就在「原因內」可以找到。

例如：何謂「一次修」？
就是讀者要「自己」決定找「哪一種工法」的「一次修」（最大問題所在。）。

像「查漏」與「全面防水」不同，「泥水工」與「查漏工」不同，「治壁癌」與「打針」不同，「補強鋼筋裂縫」與「批土」不同，「灌漿」與「塗水泥漆」不同，也就是說**「找錯人」**，這筆錢就是「打水漂」。

而「這些人」都會來「騙錢」，反正**「找到他們」**就是「證明你確實不懂」。

我舉一個朋友的例子來加以說明（問題解決重點並不是在「錢」），他買一個房子，這個房子前面剛好有一個「室內車棚」，車棚外有一堵牆，這堵牆上方有一個隔柵。

因為房子很老舊，「防水施工廠商」一進來就看準了「這堵牆」，開始說「壁癌」有多可怕，這會傷害小孩子的呼吸道（看到孕婦女主人），結果就開了一個天價，後來還介紹我們去看他的三個工地，一個是「打毛牆壁」治壁癌，一個是噴灑牆壁「制酸」治壁癌，一個是「重砌一道新牆治壁癌，可這三個案子我都沒有看到防水材料與防水塗布層，也可以說這種「新水泥牆」在三年後也一定會再漏水，而保固期卻只有短短的一年，也可以說，如果目的是「防水」（有做等於沒做），這三個建案都是「表面的重建功能」，而且是大多是沒有防水層的「拆除」與「表面粉刷」（刷上水泥漿或水泥漆）。

結果我這個朋友很聰明，他只花了幾萬元加裝了一個鐵門（中間），後來再加上一個「玻璃牆」（室內與車庫間），就把這個「惱人的問題」解決了。

後來他又用一個塑膠布（風景的地壁貼）把「車庫外牆的內面」包起來，用塑膠花草擺滿在隔柵內面，他說他的車子不怕水氣，這就是他「治壁癌」的作法，反正這又不是在「室內」人活動內的空間。

另外一個朋友的例子是「颱風夜」，剛好就從屋頂滴水進來，他竟然找了一個打防水針的廠商過來，後來還是整晚都在「擰抹布」與「用水桶接水倒水」，結果事後跟我抱怨這「防水效果」怎麼那麼「差」。

我笑笑地跟他說，你為何不打電話給我，就用同樣的價錢，我可以找人

在「當晚颱風夜」就把水治好，至少你不用「整晚擦地吸水」（錢會說話，就是講此地此景的問題解決）。

他說，「這怎麼可能」，颱風夜整晚「水一直滴進來」。

我說那是因為「你的工地經驗還」太少，我認識幾個在「深開挖地下室」專治突然湧水的防水廠商（有壓力的地下水），連「那種噴濺出來的水量」都可以「壓」下去，你這種屋頂「滴下來的水」又算「老幾」？

第**33**課

孔明借「東風」與時間的「積累」

小時候，我老爸常會跑去巡房子（爺爺命令的苦差事），尤其是颱風的哪幾天；印象中，特別是有房客「有反應漏水的那幾間房子」，我老爸都會特別的繞過去看（其實是爺爺的產業，後來給叔叔敗光了）；所以每次他回家，我就會問他做了哪些事情，慢慢地，我就懂了面對「漏水前」需要做哪些事情，但有一件事情我一直搞不懂的是，爲什麼「清潔」排水溝落水頭會跟「漏水」有關，直到長大（學習後）我才知道有「壓力的水」與「沒有壓力」的水是不同的作用方式（混凝土內直走的水與沙漿層橫走的水；積露與低溫也有相關）。

後來我跑去水電班職業訓練班受訓，在實習彎水管耗體力的實作課程中（學一次就會，但要練習好幾百次才會熟練），我就會偷偷地跑去聽別班的老師講課（也算「翹課」），所以我學會了機電整合、電銲、空調維修與漏水防治。

後來有一次，幾個同學跟我請教有關檢查漏水的工具與做法時，我就請他們每個人繳一點點錢，接著要他們找出漏水的場地（某一個同學），透過在實務教學的過程中同學的貢獻，我就有自己的一套「打防水針的工具」。

後來我有另外一個同學來找我，他沒有錢但有漏水的問題，結果只好透過其他另外一些同學的幫助（擴大宣傳與舉辦活動），除了跟老師借免費教室以外，我就透過這個過程，賺了一些小錢，更累積了許多經驗，

最後就把我的經驗匯集成一本書，這就是《防水查漏獨講堂》這一本書的由來。

結果有一次，在上課的過程中，有一個聽眾舉手問我，我既然最喜歡講「無中生有」的「塔木德精神」，有沒有辦法「現場」做幾個案例來讓同學「體會」一下，而且他希望看到的是「不同的手段」，後來我就開始開設一些「實作的課程」，也就是不僅透過「其他人的錢」來買材料，甚至是透過「其他人的手」來做白工，最有趣的案例是連「廢物」都可以利用。

接著我們就「調查」與會同學們家裡的漏水狀態（學員多有這方面的困擾），不斷「實驗」的結果，真的讓我們找到連「廢物」都可以利用的作法。

最常見的是將「多買的材料」從「A個案挪」移到「B個案」，接著同學間的「互助合作」，也就是「抽籤決定」這個禮拜天打算免費修理哪一戶的漏水問題，最有趣的做法就是「對賭」，算是「多少錢做多少事情」構想，也就是「不保證漏水問題一定會修好」的「材料試驗」方案，也就是當事人雖然出了一點點防水材料錢，我們卻刻意買一些以前沒有用過的材料，「目的」已經不是為了治癒漏水的問題，反而變成研究「材料與工具」，所以「對賭」就是「小小錢換大知識」，反正「上過課的人」都知道用那些工具與材料可以「根治」他的漏水問題，至於沒有錢「再存就有」，先用一筆「更小」的錢來「豪賭」一下，萬一解決了就是賺到，萬一沒解決也是賺到，賺到知識也算是一種收穫。

後來有一個同學既沒有錢「買材料」（但場地費200元還拿得出來），也沒有多餘的時間來以「工時換材料」回去處理自己的漏水問題，看

在他具有那麼高的學習熱誠（「超高出席率」），我就想到一個「不用錢」的「處理漏水方法」。

原來他是屋頂漏水，他的屋頂算是天井加蓋的違建平台（花圃），我看了一下，這個面積裡面沒有排水口，只有在牆邊有一個排到後巷的「雨水溢水孔」，換句話說，這個空間沒有「堵塞」排水管道的問題，所以我就做成一個決定，要求每一個同學會施做完防水塗布的工程後（通常是大熱天），都騎機車到他家去洗油漆刷與油漆桶，最後把廢水直接倒在他的屋頂上，結果過了一年，兩個的颱風天過後（第二次確定），他突然很開心的告訴我，他的屋頂「不再會漏水了」，現在「一滴水」都沒有。

我笑稱，這早是「意料中的事情」，畢竟「防水塗料」都是微細的「高分子」組成，如果這些被稀釋的分子老是被丟在你的屋頂上做蒸發，久而久之把水泥屋頂裡面的空隙都塞滿，你的屋頂自然就不會漏水了，這原理跟你發一筆錢在屋頂上塗防水漆的效果一樣，只是因為你沒有錢又撥不出時間「以工換料」，所以只可以透過洗油漆刷的微量防水材料，日積月累地形成一層防水薄膜，也好在你這個屋頂沒有排水管，且無法直接從外溢口水孔（比屋頂高）又流出去，否則在大晴天，若是有人給微量泥水濺到，你也是吃不完兜者走，換句話說，這些微量防水泥廢水只可能在「曝曬」中蒸發（洗油漆刷子也是用一點點水就可以了。）。

萬一你有排水管的話，就不可以這樣玩，到時候在U型館內積一層水泥，堵住的話，那你家裡室內就等著鬧水災吧！

第**34**課

爲什麼我建議學一些包租公「知識」

爲什麼我會建議學一些包租公「知識」？

因爲「民主社會」沒有「包青天」，什麼事情都要自己來；「一沒有錢」，可能就會「什麼都沒有」。

我問聽衆，有沒有曾經「吃過罰單」，而且是「申訴無門」？

有沒有看過這種「新聞」，因爲「幾百元的罰單」接著「把你的房子法拍」？

現在多的是在「傷口撒鹽」的人，尤其是「公務人員」（活在官官相護的世界。）。

接著我問聽衆，有哪幾個人眞的在交通裁決所申訴成功的人？有誰知道怎麼寫交通裁決申訴單？有誰知道交通裁決所的上班時間？

（能來上課的幾乎是幸福的有錢人。）

有時候，我在「講解」法拍案例的時候，很多人（聽衆）「過於強調」拍定人的財務損失（九牛一毛），到底是有多少人知道債務人在「因爲一時不察的情況下」，被法拍房屋，還被抓去關（毀損罪），最後還被民事求償，導致其「從父母繼承的房地」被扣押，到處「申貸無門」，最後「走下絕路」。

我就認識一個被法拍的債務人，他「被」拍定人氣到想把整棟房子付諸一炬，但我勸住了他，就是因爲他不懂「刑罰的尺度」，也不懂「一切

都有證據」，更不懂得掌握「美好的未來」重要性，最可憐的還是嗷嗷待哺的兒女與妻子；因爲他沒有錢可以請律師，年輕時也沒有錢受教育，所以他以爲這一切都不需要付出代價。

至於我怎麼認識這個苦主，就是因爲我「一個學生」想看法拍屋的內部（騙我去吃飯，順道就到被法拍的現址），我就用我的免費諮詢費（騙開了門）來回答債務人屋主的所有法律問題，雖然我也不是律師，但我知道債務人屋主有哪些事情是不能做的（我更熟拍定人會怎麼玩這場遊戲，可以來一場沙盤推演），加上我只是潛在競標者，可買可不買，大家交個朋友也算是有緣（所以「進他家」去「試用個廁所」，順便也送他兩本書，希望他有一天可以站起來，度過這個逆境）。

至於爲何要學習「包租代管的知識」？
我還是用「兩種人的反應」來回答這個問題。

第一種人，白領有固定薪水的人，他只是牽車過對向車道（綠燈牽過重新路）再跨腳騎上直行，警察在路口60公尺的騎樓內「邊看著手機」邊走出來，一開就是兩張罰單，一張是闖紅燈（迴轉），另外一張是「機車行駛人行道」，後來改成「機車行駛斑馬線」，想一想，「被誣陷就算了」，一次還可以開兩張（違反一罪一罰的法律規定），他「每一個月薪水」都不夠三個小孩與一個老婆使用，你說他心情怎麼會好得起來呢？後來有一天，我騎機車幫忙再他的小孩上學，他的小孩視力好到200公尺前就可以看到警察，叫我趕快轉到巷子裡面，我本來以爲他看到不喜歡的同學，原來這就是警察印象的由來。

第二種人，小李是一個包租公，「笑著」告訴我，「罰單」算什麼，上個月他就收到六張，基本上都是超速，當然這些都是罪有應得卻罪證確

著，可是「這兩者的態度」就是不一樣。

所以問在座聽眾，如果人生可以「選擇」，你想當哪一種人呢？

同樣地，在法拍屋的世界裡，如果人生可以重來，你想當「被法拍」的「債務人」嗎？（拍定人或債務人呢？）（懂的法拍知識的人就有更多的選項，像是債權人、競標人、拍定人、「演戲的人」與「看戲的人」，更多有趣的內容請參考《智在法拍第二集》與《向塔木德學做租屋達人》。）

筆者就是因為「提前」學好法拍屋有關的知識，才有機會可以在人生不順遂的時候，得以躲開被法拍的命運。

但儘管像筆者這麼聰明的人（文筆好且論據清楚），遇到像「前一個白領階級被誣陷」的情況（重新路二段與正義北路路口前的中國信託騎樓裡面的警察），我的「交通調解申訴單」一樣是石沉大海，我還增加兩個附件，一個六點零分「同一時間點」的「兩張罰單」，還有牽機車過馬路的路線圖，我告訴你「路口的交通員警」也不會幫你做證，因為「得罪你」比「得罪路口七十公尺外開單的警察同仁」更沒有「良心譴責」考量。

好笑的是，有一天（事後隔天）我看到一個值勤「非常認真」的交通警察，我想這人一定是「非常專業」（不像前者躲在騎樓下玩手機的警察，專心已開單作業績），我問他「牽機車過馬路」且「不踩到斑馬線」是否「違反交通處罰條例」，他很義正嚴明的告訴我，這個是要開罰單的行為（告訴我要「三次」「兩段式左轉」。）。

可是我站在遠處「拉長鏡頭」「照相」「一個小時」，他除了忙著指揮交通以外，就算是短暫休息，不僅看到牽車過馬路的人沒有吹哨警惕，連騎樓騎機車出來過斑馬線的騎士也都不抓；難道說人心真的像所說的一樣，滿口仁義道德，私底下男盜女娼，連警察都有阿Q精神，而不是「依法行政」；也就是說，只要你倒楣，遇到「耍官威」的警察，可以多開幾張罰單，想開幾張就開幾張，人民還要忍氣吞聲（我遇到的是實開兩張，還要再加一張他叫我停的紅線違停與「妨礙公務」；不服氣找交通裁決所說，其實交通裁決所也不會聽你說，因為是寫一張冷冰冰的交通申訴單，這根本跟無罪推定的民主精神相違。）。

講了「這麼多」，重點是「人」「一定要有錢」，窮人是「寸步難行的」，連「寒冬」中「斜倚」著「路樹」打個盹，都有人（良心給狗吃了）馬上過來「洗地板」，這新聞不就出現在萬華與西門町嗎？

獻給有「創意想法」的人

我有一個朋友買了一間中古公寓的邊間，我跟他去參觀的時候，年輕我還不懂得漏水防治的做法，看見這屋主滿牆壁的壁癌與滿屋頂的漏水，我真的很懷疑他為什麼要買這個房子，其實對方當時只是把我當作一個壯膽用的陪行人員，所以對此我們沒有後續的深談。

直到有一天，我又陪另外一組朋友去租房子，才想到這一間是我朋友的房子，接著隨著包租代管人員參觀幾間套房之後，才仔仔細細比較這中古公寓前後間的不同，這時不免讚嘆朋友的智慧與深謀遠慮。

後來我也約他出來看房子，其實目的是請他吃飯，順便跟他請教一下他決策的考量點，他說他只是數字上做決策，投資報酬率這麼漂亮，不買可惜啊！

後來我問他漏水的問題，他跟我說，他也是打電話給「幾組不同類型」的「施工單位」，請他們報價過來，接著以兩倍工程價差的作法，用進一步的殺價來彌補自己的虧損，後來真的讓他買到了這一間中古屋，而後來實現的投資報酬率竟然比原先預計的投資報酬率還高，接著他託辭上個廁所，回來竟然變成他請我吃飯，他說這頓飯算是我當初陪同他去看房子的感謝心意，下次還打算約我去其他餐廳吃飯，不知道我使否有此意願。

他後來又跟我說，為何是不同類型的施工單位呢？

因為同一種防水工法，只有材料差與工時差，多問幾家的結果有三，一個是價差不大，二是不願降價，三是請對方做。

為何是請對方做呢？
假如你找三組油漆工班，不管你跟A工班說B工班多便宜，又或者是C工班可以做到三底三度才需要多少錢，比A工班與B工班便宜，想殺價的結果就是請「對方做」，或者是偷工減料。

可是如果這個「工程款砍價」的過程，如果是另外一個「包工」做（因為他了解工人的底價與接案狀態），又或者是不同類型施工法在彼此比較時，同樣的一組油漆工班就是願意把價格砍下來，就算少算一點也要接到這筆生意，為什麼呢？這就是人性。

結果他不僅「講解」了原先這間中古屋的「改善方案」，後來還帶我另外去看了他買的其他壁癌漏水的房屋，有的用隔柵植生牆、有的用雙層帷幕玻璃、有的用仿牆鐵皮屋、有個用不銹鋼鐵皮屋，他告訴我就算是重新砌一道牆也不需要多少錢，重點是「價錢可以決定一切」。

後來他笑笑地對我說，他知道我有寫兩本漏水防治的書（防水查漏獨講堂與漏水怎麼辦），本來想買幾本回家與投資夥伴研究，後來他發現「學習」是需要很多的時間（偏巧他又最欠缺時間），他願意用「許多份小錢」來換取「更多的經驗」，所以他雖然用的不是「防水的道地專業手段」，但「他的防水目的」幾乎都得到了滿足，他也想找這麼樣的一天來跟我分享他這幾年的防治漏水的心得。

最後他告訴我，如果說「傳統全平面防水工程」的「施工價格」「合理」的話，他也想採取「正統的防水工程做法」；如果是他自己住的

家，他也想採取正統的防水工程做法；但就是因為這些新購入的中古屋幾乎都是租給不同的人承租，所以他才想出來這麼多的花樣。

反正總是會有「人」可以接受，租屋市場就是「價格取向」，可以說是「高端」所以一大堆人搶租，也可以說是「異端」，所以在價格上有點折扣。

但也正因為「各種工法」都只有「一層建物」，所以就像「風險平均分擔」一樣，他目前的「所有物件」都呈現「滿租」狀態。

這就是有「創意想法」的人在「包租代管」這個「事業」的操作方式，在此獻給「未來」有創意想法的人。

包租公的
學習曲線。

「賺有錢人的錢」與 「模仿有錢人賺錢的方法」

我問聽衆，是否有看過《寄生上流》這部電影，這裡面講了一個「賺有錢人的錢」的故事，但還沒有講到「模仿有錢人賺錢」的方法。

順便在這裡介紹一本書，目前中文還沒有翻譯本出現（2020年），但網路（學生告訴我）應該可以下載得到「英語有聲書」，書名叫做"Stock Market Cash Flow"，書中提到作者問「每一個窮人」說「你爲何不當包租公呢？」，大多數的窮人回答是「因爲我沒有錢」，但作者認爲就算「窮人擁有錢」，也不會去做「創造淨現金流的系統」，因爲窮人沒有「錢商」，所以才沒有「錢」，不應該「倒果爲因」（缺乏當包租公無中生有的能力。）。

也可以說，只要你有「錢商」，你就會自然有「錢」。（「至少不會窮」。）

我舉我「以前的例子」來加以說明，像我懂「預售屋」、「法拍屋」與「包租代管」這三種知識，但我沒有「錢商」，我賺到的都是「小錢」，也就是買「法拍屋」與「法拍土地」都賺到小錢，「買屋隔套」也都賺到小錢，但就是沒有像一些「房地產詐騙高手般」地賺到「大錢」，這就是「錢商」不夠。

至於「其他領域的知識」也是一樣，像「英語」與「電腦」（資訊管

理研究所畢業），因為沒有「錢商」的結果，賺得都是「小錢」，像是「出版」幾本紙本書或電子書，或是當電腦補習班的講師與家教；自然也就沒有機會像「早期的老虎團隊」或者是「近期的王x宏」必須潛逃到國外（人人喊打過街老鼠），這算是沒有「錢商」的風險。

在此我必須聲明一下，所謂的「有錢」其實有兩種，分別是：
1. 節制自己的慾望，導致「被動現金流」遠超過「基本生活支出的「好幾倍」。
2. 放大自己的慾望，積極創造「被動現金流」遠超過「慾望擴大的組合」。

筆者算是「前者」，平日喜歡看看書、泡泡溫泉，偶而也「寫幾本書」。

就算我懂得很多「包租代管」與「代租代管」的知識，因為我缺少「錢商所導引的慾望」，我就不會想找500個學員，以每人5萬元的代價（分期付款）來賺這個2500萬的生意構想（法拍屋課程也是一樣），畢竟也有補習班想找我配合（筆者17歲就開始教電腦），但我就是「真的不缺錢」，也沒有打算要把「包租代管」發展成一個「事業」（或是法拍屋俱樂部與十萬團購法拍屋。）。

同樣地，我與《完銷力》的另一個作者（海悅代銷提案經理）也很熟「國內前三大的建設公司與代銷公司」，但我就是不會把聽眾往「團購預售屋的方向」走，原因也正是「不缺錢」，更不想有一天像「醜到爆」一樣「臭名」滿天下。

但我真的「鼓勵」讀者要具備所謂「錢商」的智慧；「先賺有錢人的

錢」，接著「模仿有錢人賺錢」的方式。（然後做更有益於社會人群的使命。）

重點除了是具有「被動現金流入」（與身體健康體力無關）；還要具備「多元組合與專業知識」結合的多個系統。

「小錢」還是可以學會很多知識，就像是「多買幾本書」來看，其實這些東西就可以自然地學到，不然筆者也沒有「知名老師」指導（寫書的第一人），不也是一路「過關斬將」嗎？
（「有錢」可以學得快一點，但「沒錢」一樣可以學得很紮實，看你的「自律」。）

> **PS.**
> 「買可以出租的房子」確實是一個「進可攻退可守」的「考量」。

第37課

只做「有錢人」生意

我有一個朋友，印象中的他每天都在跑三點半，後來在一瞬間，他的生活整個有大幅改善，最後我問他，他只回我一句話，就是「現在只做有錢人的生意」。

結果「同樣的說法」，我也在另外一個租賃界的強人身上看到，他提到除了「現金爲王」，「兩押一租」簽約金「收足」以外，他說沒有錢的人「藉口」最多，所以「一開始」他就不做窮人生意（也永遠不做窮人生意）。

他還說，因爲他生意太好了，他很「珍惜」自己的時間，所以連「出租方服務的客戶」（高階房東），他也是經過「篩選」的，他有「三不做」，也就是租金一萬元以下的不做（每間套房租金），「非合法的獨立套房」不做，「非十年以下的新成屋」不做。

所以他「標榜24小時服務」（睡眠困擾，隨時睡或隨時不睡），而這些「比他更珍惜時間」（優質房東）根本就不會打電話給他，也正因爲他做的幾乎都是剛交屋的新成屋，所以他幾乎沒有維修的問題，也就是靠著「一整組建商保固維修的廠商」可以幫他做好後續維護與問題處理。

最後因爲他只做合法獨立門牌的套房，所以沒有「跌價的空間」，也沒有「檢舉」等相關問題，光是這些新房子（五年以下）都服務不完，畢竟每個人一天都只有二十四小時可以用。

也就說，他「服務的兩方」都是「有錢人」，所以在服務過程中一點風險都沒有。

他說他是以「全生命週期的觀點」來看每一個「承租的房客」（有錢人才是一生的朋友），怎麼說呢？

一般的租賃仲介，看的只是「租金佣金」，也可以說他們是「急於成交的」，所以只可以看到「一時的利益」。

可是他是做包租代管的，他的每一個房客的相處時間「最短就是一年」；所以如果有「任何線索」可以讓他發現這個房客有問題（只管萬一），他們馬上就找個理由就把他們給「甩掉」；所以之前「長時間的電話過濾」就已經過濾掉一些，接著在「噓寒問暖的過程」又過濾掉一些「有壞習慣的房客」，甚至他會打電話問前房東（同業）以過濾「新房客」的說法（類似徵信），甚至是打手機驗證保證人的身分與關係（Google查門牌）；如果萬一在最後一刻，發現「嚴苛條款」會讓新房客面有難色，又或者是兩押一租的現金拿出來都會有折扣（像承諾做不倒），他不僅是「不是急於成交」，還很高興地看到「急於停止」的原因與線索；「心態」上就是好在「他及早發現」（賺到時間的感覺而不是沒賺到現今的感覺，時間比金錢更重要）。

最後他還分享，如果你有看過凶殺案報導的話，很多都是源於一個像是「騙人」的「承諾金額」，「最後」不管是「沒能力」或者是「沒意願」，「做不到之後的攻擊行為」就是「讓對方消失」。（幾萬元損失就可以令窮人失控；跟富人「幾百萬損失後談笑自若」相比；演也要演得出來。）

這就像我們在做出版的這個行業，某個「寫作槍手」告訴我，他說他的服務費可遠比我一本書的版稅還要多，不僅如此，萬一在通勤訪問與整理錄音檔還要額外收取鐘點費用；所以如果對方沒有幾百萬閒錢放在手上，在他的說法理就是連請槍手或代筆資格都沒有的窮人；想先用騙名聲加上騙財富做法的騙子（第一桶金），所以他都是「事先全額收」，沒有「分期付款的做法」。

他說，這麼做之後，「錢」賺得更多，「時間」也突然多出很多，甚至「花」比較少的時間在處理「紛爭與不愉快」，他說，「跟窮人做朋友」是「不愉快」的主要原因。（「沒生意的窮朋友」並不等於「沒有生活上的窮朋友」，「生意上的朋友」是有選擇的，「生活上的朋友」是「沒有選擇的」。）

最後他告訴我，窮人與富人的最大差異就在於如何利用時間，你如何利用時間，時間就會懂得如何回報你一樣；就像此刻你我兩個坐在這裡彼此「分享」一樣，把時間用在對方身上，就像在對方的生命裡「存錢」，重點不是「存多少錢」，而是「這個人」對不對？

總結「這一篇的主要內容」就是「篩選房客是最重要的一件事情」。

「積極的房客」等於「消極房東」

當我講到「積極的房客」其實就等於是「消極的房客」。

看著底下聽眾「蠢蠢欲動」的樣子,其實這也可以換一個更為「聳動」的標題,也就是「房客變房東」。

但我還是比較喜歡我原先的標題,也就是當一個積極的房客有四大重點:

1. 「省得多」其實就等於「少給租金」,窮人不可以只有「花錢的概念」,「省錢的手段」更為重要。
2. 「交換勞務」換來「少給租金」。
3. 「零售變批發」換來「少給租金」。
4. 「省一筆錢」換來「更有品質的薪水」(「急找」就不會找到好工作。)。

首先來講「如何」可以「省得多一點」:

假設您騎摩托車做為主要的交通工具,請不要承租在「捷運車站」上面的獨立套房,原因有四:

1. 「捷運套房」的大樓「大多數」都沒有附「汽車位」或者是「機車位」(兩百坪豪宅的標準配備是三個汽車停車位)。
2. 「捷運套房」附近非常難停車,想一想就可以知道。
3. 合法獨立的「捷運套房」可能比「周邊的非法隔套的中古屋套房」多出四千到五千,一年就可以省下六萬元。
4. 如果你是捷運套房的新屋屋主,請問「您是將汽車位另外轉租給其他

人多收了五千元」，還是作爲「高單價套房的免費設施」？（價錢應該也加不上去了；租金行情總有個玻璃天花板。）

（讀研究所時，跟父母報帳8000元租金，其實我只有花500元放個課本。）

這個就是爲什麼我的一個「包租公朋友」會覺得「很奇怪的原因」，每當有新房客問他「機車停哪裡時？」。

他的「感覺」有五：

1. 「房東我」開BMW汽車，怎麼會知道「機車停哪裡」呢？
2. 「捷運套房」主要是租給「捷運通勤族」，你不坐捷運爲何跟我承租呢？
3. 「捷運套房」租金貴很多呢？窮還不會算，房客您哪一天才有機會升格成房東呢？
4. 你機車停哪或你汽車停哪或你女朋友來找你停哪，不都是你家的問題嗎？我這又不是「商務中心」（更不管「訪客的停車問題」）。
5. 難道承租客在租套房之前，都沒有做過「環境調查」與「平均租金的比較研究」嗎？「沒錢」還不懂的「量入爲出」。

這個包租公提到，當他年輕的時候（他現在還比我年輕25歲），假設他打算租在同一棟大樓，他會在Google中輸入大樓名稱，也正因爲大樓都是坐電梯進出，沒有樓高的限制，所以他不僅是租在每坪租金最低價，而且還是租在所謂最低價的樓層，只要可以省個一千元或兩千元，管他是二樓或四樓或十三樓或門牌不佳的套房，就算是凶宅，他也是認爲「窮比鬼」更可怕，這一路走來，終於有翻身的機會，才對現在年輕人思考是這麼粗枝大葉，而頗有微詞，甚至是覺得他們很不懂事（「財務智商」很差）。

這就讓我想到，「我以前年輕的例子」（大學與研究所住宿的經驗），分別是：

1. 「倒垃圾」隨時都可以找得到垃圾車。（「敲門」才把垃圾拿出來。）
2. 租「雅房」不用花半毛錢（用別人的「套房租金」來付大房東的「一般租金」）。

先來講「為什麼倒垃圾可以隨時都可以找得到垃圾車的重要性？」。原本我的房東找「一個收垃圾的清潔工」，每天專責收垃圾，後來因為她的出勤與服務品質很差；所以我就毛遂自薦擔任這個「丟垃圾的偉大任務」（筆者還會幫房東的地板打蠟，又多收了一些現金），用這個多出來的工作抵掉了五千元的房租。（所以我有一張附近各鄰里垃圾車的定點收集與行車路線，用機車「追」垃圾車。）

後來還幫「房東」與「其他房客」「溜狗」，多賺了「每個月一萬元的額外收入」，甚至有時候為了解決「寵物狗」在套房內「亂叫的問題」，還有「其他房客的備分鑰匙」（收費服務），也可以說我不僅解決「被狗吵得要死」的「盛情款待」之外（宵夜還可以拿去賣），還可以吹「狗主人家的冷氣」；甚至很多人都將寵物寄放在我這邊，也因此我後來有了一點「小錢」，可以用「承租」來舊公寓作為「二房東的方式營利」（跟房東的說法是北漂青年一起住，以互相照顧，房東還不時煮綠豆湯與豆花湯送過來給我們冰存享用。）。

筆者想說的是，「現金窮的人」基本上都是因為「想法窮」，不懂得「開源節流」；這就好像是「積極的讀者」其實就等於是「消極的作者」一樣，不知道「這篇文章」是否真的可以達成「房客變房東」的效果。

讓自己「產生」價值

我請聽眾「思考」四個問題，分別是：

1. 如何讓自己產生「價值」。

2. 如何讓自己的價值產生「收入」。

3. 如何讓這個收入不只是「一時性的收入」。

4. 「經年累月」地增加自己的價值。

（如果身心障礙的人可以做得到，身為普通人的您為何會做不到呢？）

（重點是往代租代管與包租代管的方向走，不要往勞力工作的方向
走。）

我講一個「身障小孩」在我身上賺到錢的故事。

我講過我在很多地點都有辦公室（朋友多，拜訪多，就「借用機會」
多），我之所以有很多辦公室的原因在於這些辦公室基本上都算是一種
「借用關係」，也就是大多數的情況都是「沒有租金的支出」（常常
有朋友的辦公室很大，也希望借用給我一個角落，或告訴我密碼鎖的密
碼，讓我可以24小時方便進出。）。

也正因為是「借用關係」，「場地清潔」是我唯一必須考慮的重點，加
上很多辦公室「很小」（其實在公寓中的辦公室都很大），所以沒有
「聘用」固定的清潔人員，就算有也是算是一些「鐘點計價」的「臨時
發包工項」。

換句話說，我每一天會出現在哪一個辦公室都可能是「一種隨機的選項」，看「天候」與「心情狀態」，也看「會議地點」與「演講類型」，所以有時間的話，我也會將「辦公室的垃圾」做個「處理與分類」。

問題就發生在有一次，我「急著」離開辦公室，順便想把垃圾與資源回收做一個丟棄，但垃圾車這一次遲到了（新北市），應該算是沿途的垃圾爆量，所以遠超過我可以「接受的時間」（趕場的意外），這個時候我看到一個身障小孩「沿途」收了很多家的垃圾，我塞給她50元的硬幣，請她順便幫我丟到垃圾車，這樣我就可以馬上離開當地，趕往下一個工作地點（會議場所）。

後來，時間一久，我知道這個身障小孩固定會在里辦公室附近游盪，有時候是幫哪一戶人家推小孩四處晃，有時候會幫某一戶人家溜狗，有時候僅僅是呆坐在村里辦公室的椅子上；偶而她還可以賺「幾個空垃圾袋的錢」，也就是透過她分裝資源回收的巧手，總是會產生一兩個空的垃圾袋。

所以當我一大早想離開辦公室的時候，我就會想辦法「繞路」過去，將已放入新北市指定專用垃圾袋的垃圾交給她，順便給一個50元的大銅板（小零錢），請她幫忙在「下午垃圾車來的時候」幫忙丟棄垃圾。

因為「她的表現」一直很好（很守時），好到連「垃圾車上的工作人員」都很喜歡她，都會「暫時」停著等她，而且也不會跟她「太過計較」，這算是台灣人特有人情味的所在。

這樣的一個例子也就完全的吻合上述所說的四個條件，也就是增加自己

的價值、產生收入、從一時性的收入到累積性的收入。

「差別」只是在於這是一個身心障礙的小朋友，可能無法有機會創造出「更有價值的薪水條件」，但她過去的服務是令我滿意的，她對「其他人的免費服務熱情」也是令我激賞的。

這一切啟動我的下一個想法，我想在「租借的辦公室這一區」，買幾層「中古屋合法隔套收租」，屆時我想邀請她做為「我包租套房的專用清潔人員」。

所以我開始在等「這一區的法拍屋爆量釋出」，也希望我會有實現「這個想法」的「一天」。

PS.

人生有趣的地方在於「有很多不可預期的因素與緣分」（我也有很多做不到的地方與改善的空間），重點不是只有在金錢的多寡，也在於善待每一時間點的彼此對待與尊重。

考慮多個「賺錢」來源

一對多，多基本上是有優勢的。

賺錢也是一樣，如果有多個賺錢來源，而且不被騙的話，也是一個不錯的主張。

一般上班族都只有一個「來源」，這個「來源」是固定的，缺點有三：
1.「長久」都不會改變。
2.「時間再久」也是一樣的數字。
3.「能力累積」很難帶來所謂的升級效果。

如果說一個人代表的是一個機會，那麼多個人其實代表的是多個機會，但這世界上還有另外一種「值得投資的人」，就是一個人有「多個機會」，或者是一個人有「多個成功的機會」。

所以對包租代管的議題也是這樣，其實包租代管牽涉到多個賺錢的來源，這幾個來源也有不同的專長作為訴求，像是：
1. 代租的業務功能。
2. 代管的業務功能。
3. 包租的業務功能。
4. 空間轉變的業務功能。

筆者認為「業務功能」才是真正可以左右一個收入的功能，除了業務功能沒有上限的天花板以外，業務也可以突破時間的限制，業務也有層次

與功力上的轉變。（同一個人在最初與成功之後也有不一樣的產出。）

所以某甲與某乙雖然都是業務，雖然兩者也都是同樣的二十四個小時，可是在業績上可以拉大到幾百倍的差距，講的就是業務對收入的積極影響。

反之，一般的「行政工作」則是「沒有這樣的差距」，換句話說甲公司的薪水是22K，乙公司的薪水應該也是23K左右；而雖然都是同樣性質的工作，可是在工時上可以有天差地別的標準（責任制可以制裁加班工時的薪水給傳），這就是一份薪水對一般人在體力與精力上的壓榨。

「業務」工作之所以具備「工資可談判條件」的原因在於兩點，分別是：
1. 業務賺得越多，老闆也賺得越多，彼此收入是可以相得益彰。
2. 業務如果不在這裡，老闆就平白多一個競爭對手，彼此利害可互為增減。

其他的後勤工作，顯然不具備業務工作的這種特質。

所以每當我在講到包租代管的這個事業收入時，我都必須再次跟聽眾強調的是，我講的是四種不同的收入，而且是業餘時間可以增加的收入，重點是這個可以併行的四種收入，但為了進一步解說，還是得用傳統的一份收入來加以說明。

假設張三是一個好的清潔工，又或者張三是一個好的保全員，張三只能夠有一個身分，也就是不是清潔工就是保全員，張三不可能同時具有兩份收入，至少在時間上這兩份工作是無法妥協的，所以張三的薪水如

果不是22K就是25K，基本上保全員的工時是一天十二個小時的出勤規定，這一點也是無法改變。

結果後來張三的老爸覺得這樣下去，張三的一生完了，願意提供一個選項給張三，也就是出一年的補習費與生活費給張三，希望他可以考取公職，有一個每天出勤八小時50K左右薪水的一份工作，這都是在「一份工作」與「一份薪水」的限制條件的職涯規劃。

可是包租代管的多個收入卻不是這樣的玩法。

張三可以同時做「四個收入」，也就是代租、代管、包租與資產活化的收入。

張三也可以同時服務「好幾百人」來產生代租的收入，也可以說張三可以在不同的平台同時為幾百個不同的人做一種服務，或者是同時做四種服務。

張三可以對一個人來「同時產生這四種的收入」，不管是透過不同的時間點，又或者是透過不同的階段，張三都有可能從一個人身上賺到這四種不一樣的收入。（又賺代租也賺代管，最後包租代管與取而代之。）

張三可以透過每一個交易過程的「買方」與「賣方」來進一步耕耘其他更有加值性的增值收入。

所以從這幾個觀點來看，包租代管的二房東知識顯然具有「更多產生收入的價值」與「想像力」，這是一份傳統工作所無法想像的。（加上超時工作可能扼殺一個人的創意與想像力，壓力也可能限制一個人的反應

能力。）

最有趣的是兩種工作間可以同時併行（透過夜間或假日來產生另外四種收入），「傳統工作」可以暫時為主（薪水），「包租代管的工作」可以暫時為輔（比中六合彩金的機會大一萬倍），一直做到「暫時工作收入」遠超過「主要工作收入」的一天。

我認識的「幾個朋友」就是做到「包租代管工作收入」是「主要工作薪水」的「兩倍到三倍」時，「頓時」才發現「某一個小時的代租收入」是有機會超過「一個月全部加班工時的收入」；所以毅然而然地向「錢」看齊。（走向時間自由與財務自由的康莊大道。）

最後請「考慮」多個收入來源的可能性，不管是「時間利用上的多個來源」，又或者是「人脈與創業機會投資上的多個來源」，又或者是「投資管道上的多個來源」，有「多個來源」才會有一份「穩定家庭生活保障」，就算有一天男主人「遭遇不幸」（保險理賠公司也不像傳說中的正直，延遲理賠或者不理賠），女主人與小主人還是可以過著「物質」上「幸福快樂」的日子（直到小主人可以累積自身能力具備的那一天來臨；或最少可以給一段「緩衝時間」吧！）。

PS.

想像一下，一個兩歲喪父，小二喪母，被基督教友領養，卻又被棄養，而不得不在尼姑庵裡長大的小孩是「多麼地不幸」，接著在二十歲成年時被討債公司押到山上打到雙手「差點變成殘廢」的人，可以散發出「多大的正面影響力」；這就是靠四個收入在27歲以前退休的典範。

「報酬率」的「力量」

請給一個「合理的答案」？
要不要同時使用多種「報酬率」的力量？
答案是肯定的，但學習需要更早開始。

「老人家」看「門當戶對」的方法，其實很簡單，取決於三項，分別是：
1. 「對方的每月所得」是否可以看得到未來。
2. 「對方的資產」是否可以撐得過「不幸的事件」。
3. 「對方」是否具有「壞習慣」與「壞朋友」。

假如對方是一個程式設計師，未來可能也有機會當上主管，可以想像應該是有一個可以「維生」的「所得」，而且這個所得「在沒有離開這家公司的情況下」，應該是所得越來「越多」才對；至於換工作的結果，應該也在「平均薪資的上下」。

那是不是「有些工作」是「所得」不會「變動」且「沒有升遷管道」；像清潔員與保全員就是類似這樣的工作，所以為了家人未來的幸福，老人家總是希望其女兒可以再三考慮一下，也許「靠自己」還可能會有「更多機會」。

也可以說，大家都知道薪水不錯的行業有醫師、公務人員與開飛機的機師，「不能判斷的」就是民營企業的老闆，「可以確定的」是「上市公司的主管」，這些就是所謂傳統的「偏見」，也就是最開始的「狗眼看人低」的由來。（但也很像是「事實」與「趨勢」。）

上述講的是所得的「可預測性」與「未來性」，講的是一個「時間」與「健康」限制下的「一個收入」，但如果要考慮到「報酬率的力量」，對方一定要有「資產」（想法也可產生資產），也就是「多種資產的配置」，藉由報酬率帶來的其他所得，以產生「每個月的現金流量」與「進一步地累積更多錢的存量」。

最常見的「報酬率」有下列幾種：
1. 房地產的買賣價差與趨勢。
2. 租金的收入起伏與趨勢。
3. 股票投資的股息與買賣差價。
4. 銀行的定存利息。
5. 對其他新創事業的投資。
6. 多種自營的系統收入。

光就「詢問」房地產投資有賺到錢的朋友，發現他們的「策略」都十分簡單，有：
1. 撿便宜的買，便宜的就買。
2. 地區性的比較。（哪裡會漲，就買哪裡）
3. 「不合理」就進場。（預售屋，新成屋，中古屋，法拍屋與買租之間）
4. 可產生「淨現金流入」的就買。
5. 主要以「收租金」為主。

6. 看100間買一間。（「低價」治「百病」。）
7. 做「二房東」為主。
8. 中古屋「合法隔套」。
9. 中古屋「非法隔套」。
10. 法拍屋「洗淨」為中古屋。
11. 凶宅「洗白」為一般住宅。

姑且先不管這些人是否「缺德」，或者是「晚上是否睡得著覺」。

如果讀者您只是一個以「領薪水」來過日子的人，您就是與這些「報酬率」絕緣，也就是說如果你的同事有一百個以上，應該就沒有「升遷」的空間，自然也會與「調薪水」絕緣。

除非開始「積極學習」，往另外一個產業或職場發展，又或者是「先學習報酬率的力量」，再進一步地「同時」使用「多種報酬率的力量」。

筆者分享一個為什麼我後來沒有再繼續「當資訊主管」的原因來做為分享（我花了太多時間在資訊新版本、新作業系統與新程式語言的持續鑽研，同時也花時間在找出「跨平台解決方案」的最低成本模式。）。

在我當「資訊主管」（一級主管）的時候（中央資管所畢業POS系統為論文題目），我不僅可以操作多種不同系統（AS400），可以寫多種程式語言，甚至懂得成本會計與管理會計在資訊系統上的建置（會計系畢），還跑去博士班進修所謂的計量經濟與時間序列等趨勢預測有關的學分（計量經濟博士班），可是我們總經理不懂這些，他只懂「他年輕時的玩伴是他的耳目」，就是因為這個「業務協理」想為自己後代（學資訊本科的子女）鋪路，我就給「做」掉了。

（剛好這時，筆者也寫完了會計系統、進銷存系統、汽車客戶服務系統、預測系統、網頁進銷存系統與「視覺化進銷存管控系統」，自覺以後「沒有進一步的努力空間」，開始往「其他領域發展」。）

當然「這家公司」後來「只能」將資訊系統「外包」，不僅「買的時候」是一筆大錢，每年都還需要付「維護費用」，這還是「本土級ERP」，既沒有「管理會計的選項」（ABC作業成本制），也沒有「趨勢預測」的功能，更沒有「修改的彈性」。（目前最高資訊主管的學歷應該是專科或高職吧。）

萬一「當初這個工作」是「我一生唯一的收入」；中年失業的結果，只能把我帶向「毀滅」，畢竟若是沒有「其他報酬率的多個來源組合」，我又何德何能地可以在「房地產獲利與致富」；尤其是資訊產業是最消耗「學習時間」的產業，也是永遠都學不完的產業。（方向比努力更重要，EQ可比IQ更重要許多。）

我的感覺是，岳飛也很努力，但十二道金牌的邪惡力量則更為強大；對我的「傷害」是，「一個不學無術的資深業務協理」竟然可以打敗「博學多聞且專業的國立碩士」（我也算是長袖善舞，雙語表達能力不錯的專業經理人）。

PS.

最讓我不齒的地方是，該主管說，「服役時，他是飛機上的偵查兵，但爲了怕出勤的時候被對岸的炮兵打下來，而謊稱他的視力有問題」，其實他的視力到60歲還維持1.2（看得比我遠且更清楚）；我認爲這個「協理」是「不忠不義之人」，也很高興終於可以「不在他的底下工作」（2020年當事人應該走了吧，十幾年錢就有嚴重的糖尿病；聽說總經理也換人了）。（這故事應該算是「士可殺不可辱」，且帶有「千里馬需要伯樂」的寓意。）

「房價漲兩成，頭期款多兩倍」 的「財務槓桿」

我的老前輩告訴我，你要善用「財務槓桿」，尤其是底下的一句話「房價漲兩成，頭期款多兩倍」的財務槓桿效果。（你也可以計算看看）

陸陸續續地，他又介紹一些人，講他們第一桶金的故事給我聽：

1. 張三說，其實房價漲兩成，早在買的時候就賺到了。
2. 李四說，頭期款100萬，就賺到了整整的100萬。
3. 王五說，其實頭期款也是借來的，頭期款多兩倍其實就等於無中生有100萬。
4. 陳七說，其實頭期款是協商過來的，也就是他當二房東，一剛開始就收了每一個房客兩個月的押金，用這筆錢來買法拍共有物，光是三個月就淨賺一倍，換句話說年報酬率是500%，接著想穩穩收租，就有了頭期款100萬與包租公的租金收入。
5. 沈八說，其實房價漲兩成，殺價殺兩成，你的頭期款應該是多四倍才對，你的老師太過謙虛了。

通常在那麼一眨眼時間內（聊天聚會中，很少人願意給窮人時間），我發現「年輕的我」竟然是「唯一不懂的人」（感覺上就像高手過招，高來高去），可是這些包租公們看起來也沒有比我年輕多少（甚至有的比我還年輕），可是他們就有「用不完的錢」，也有用不完的時間。

最讓我震撼的是，當我晉升內湖亞太經貿廣場總物業經理的時候（下轄

三棟樓的物業經理，不會講英語的三個本土總幹事），「我的老闆們」平均都比我小大約20歲左右，我心裡想這些「投資董事」怎麼都那麼「有錢」。（我的假設是他們學經歷比我好，能力比我強，資訊技術比我好，可是事實呢？根本就不是我想的那樣子；就算總物業經理的工作時間也比較長，你的價值就還是像顆棋子，果不其然，完工點交後就賣給花旗銀行，所有物業管理人士的聘任也都沒有延續下去，這應該跟我的「提前去職」無關；當然也可能是「接手的總物業經理」，未能讓「業主」滿意吧。）

尤其是在有一次接觸金主們參訪的過程中，我們物業管理公司為了這場「投資董事」視察，整整花了「兩個月」幾百多個人力的準備，從清潔到貼標語，到所有保全人員對進出管道間的協調控制與訓練，業主們卻只參觀5分鐘，這棟物業可是三棟獨立辦公樓與商場的結合，遠超過幾萬坪的號稱是A級辦公室，竟然從「停車場進出的時間」是如此短暫（連下車都沒下車），後來里昂證券的投資董事告訴我，因為這一次要參觀的已投資竣工項目太多，所以「時程」很緊湊（可想而知，內湖可能要參觀幾十棟，而其中有比這個項目更有價值的物業項目。）。

換句話說，我花了幾十年光陰才爬上總物業經理，結果還必須在這些年輕董事前鞠躬哈腰，我究竟要等到哪一天才可以獲得「財務自由」與「時間自由」。

就算我懂得「所有的管理技巧」與「英語能力」（MBA畢業），這個「人家挑我，不是我挑人家」的「基本事實」是「永不會改變的」；後來其中一個新加坡過來的投資董事告訴我（也算是教我），其實這些錢也是「借來的」（私募基金融資），這個意見開啟我日後另外三條學習之路，分別是：

1. 私募基金的運作。
2. 爛尾樓的銀行債權購買。
3. 先賣後買的招商策略。

「學習」永遠「不嫌晚」，所以我從「養尊處優的總物業經理」退下來（騎驢找馬），透過人力銀行申請到台肥公司任職「土地開發承辦」與「建築團隊成員」，開啟「從頭開始」的「學習之路」，也正因為這個「工作經驗」（學會一條龍房地產知識），讓我學會了預售屋、法拍屋、包租代管、室內配線與漏水防治。

重點是，經過那麼「長時間的歷練」，我發現我以前的老師與那些年輕前輩（張三到沈八）講的都是「真的」。

所以我把這些「隻字片語」寫下來，希望你也能體會這些「操作精髓」；換句話說，假設「無槓桿的投資需要10年」，利用「槓桿」兩三年的時間就可以達到「同樣效果」。

PS.
還有一段奪會人生自主權的定義，未免忘記，先寫在這裡，以後會寫成另外一篇文章來跟讀者分享。

換一副眼鏡看「老包租公」

我喜歡跟老包租公聊天,所以常常可以發現他們「不理性」的地方。
舉例來說,明明有的「老包租公」很缺錢,但總是做一些「很愚蠢」的
事情。

筆者認識一對遠房親戚,算是一對兄弟,可是哥哥只有小學畢業,弟弟
卻拿到美國的雙碩士學位;哥哥伺母至孝,弟弟是幾十年都懶得回來看
父母一次,回台灣的目的就是陸續變賣家產(四次離婚經驗);結果在
「財務智商方面」,哥哥也顯然是沒有什麼特別的想法,結果把幾十年
累積的所有財產交給父母管理;結果是,這些錢都存到弟弟的「帳戶」
裡面。

甚至是兄弟「分別」擁有的透天店面,哥哥也將自己的一樓擺放廢棄機
具與存量,將弟弟的一樓「出租」出去,光是「這一點」的差別,兩兄
弟之間四十年的淨現金流入就差了1440萬(月租金3萬乘以12個月乘以
四十年)。

可這個大哥從來沒有想過,弟弟戶頭的存款(父母的偏心)是他三十幾
年省吃儉用所賺的錢(沒在台灣就業);連他不能出租的一樓店面也是
「擺放舊有工廠的機械與存貨」,他也從來沒有想過把這個1440萬拿
來「均分一半」,更沒有想到弟弟的一樓透天店面也是「他」協助「父
母」經營公司所得的收入購買,卻放在他的名下。

一直到他們的父母先後去世，弟弟才從美國回來（真是會盤算），一回來馬上就開始賣家產（陸續），從田地開始賣，老公寓開始賣，透天厝開始買，甚至還把主意打到兄弟間共有祭祀的二樓大佛堂（沒有宗教信仰的人最大，沒有道德感的人也最為無情）。

講到這裡，「聽眾」竟然還不知道講者到底想表達什麼？

我想說的就是，這是「大家的機會」（遇到這種家庭），尤其是「二房東」與「新手包租公」的機會。

各位想想看就可以知道這個弟弟有多「敗家」，如果以他是在美國居住四十幾年的狀態來看（大學出去唸兩個碩士與就業），「長期」待在國外的結果，就是不懂國內中古屋的行情（新屋主有很大的議價空間），尤其又是「急賣」，這個價格肯定就不會是很漂亮，如果各位聽眾可以買到這樣的中古屋，直接將中古屋「隔套出租」，連「底下層的同意書」都不用，一樓的底下層是地下室（但此個案沒有地下室），這不僅可以用五折來買到房屋，還可以產生快速地產生很多「租金收入」（「未來都市更新的機會」更多，五年內的都市更新可能性很大。）。

如果各位聽眾（新二房東）可以跟「本案的哥哥」接觸，當「新手二房東」的讀者需要更「主動一點」，處理掉廢棄機器與存貨之後，還可以打掉一隻樓梯，甚至在騎樓增加一隻電梯，那這樣的中古屋投報率與租金價差至少可以多出一倍。

聽到這裡，有的聽眾會覺得很奇怪，也就是為什麼這對「兄弟屋主」不自己「主動處理」，還需要「新手二房東」與「買賣仲介新屋主」的介入。

原因就在於「每個老屋主」對自己的東西都有「一份特殊的情感」，對「明明就是廢物的東西」，一直「割捨不下」（總是滿滿的回憶）。

這種「事例」，筆者實在是看太多了。

「最離譜的事情」是我還看過「整排連棟的中古屋公寓」，一樓全部打通做為停車場，然而二樓到四樓都作為廢棄屋處理的「親戚」（遠房親戚），這樣的物件，讓各位讀者「聯想」到什麼呢？

這個時候，竟然有一個白目的聽眾問我，這麼好的機會，為什麼老師不介入呢？原因是「我們就是親戚」；「新仇」加上「舊恨」的「幾代冤孽」，導致「再多的獲利報酬率」我們都不想碰；除非「對方被法拍」，否則「我」一定是「談不下來」（就算為「他」設想，也被懷疑有「重大陰謀」。）。

PS.

如果對方「被法拍」，我一定是「全力以赴」；十年寒窗無人問，一舉成名天下知；養兵千日，用在一時；也是我「過去」努力「學法拍」的理由。

「窮」比「鬼」還可怕

「業界」有一個年輕的小前輩（租賃界）分享到他幼年的經驗提到，他覺得「窮」比「鬼」更可怕，原因就發生在有一次他被房東趕出來之後。

因為他繳不出房租，所以他的房東請他打包，第一次打包一部分，第二次請他打包全部，第三次在確定他「確實」繳不出房租的情況下，請他「自己」將他的打包的紙箱移到門口外，接著在他眼前「換鎖關鐵門」，他只好去找他最好的朋友。（最後結局是在台北車站睡了三個月。）

結果他去「敲」朋友的門，他的朋友房內的電視「瞬間」轉成靜音模式（遠端遙控），他再怎麼「敲門」都沒有人回應，可是他透過底下的門縫還可以看到他在看什麼節目，而且已經看到他「來不及縮回去的腳」；他終於體會出「窮」比「鬼」還可怕，「窮的人」到哪裡都「不受歡迎」，就算是「最好的朋友」也一樣。

我之所以提起這個故事，目的就是告訴讀者，其實很多目前看起來很成功的人幾乎都有一個不堪的過去，否則他今天很難談笑自若，侃侃而談這些「以前的不愉快」（筆者一直都是乖乖牌，所以也沒有這麼悲慘的經驗，可以拿來與聽眾產生共鳴。）。

這時候，我笑問聽眾說，在座的聽眾有哪幾個曾經被「最好的朋友」背

叛過？（這種經驗，筆者就有很多起慘痛經驗。）

有哪一個聽眾曾經想過「未來」被最好朋友背叛的可能性？

有誰試想過「被背叛」的「可能金額」又是多少呢？（千萬不要爲了微不足道的一點小錢，否則我也會覺得「不值」；「金額越大」代表彼此都「更爲重要」。）

結論是「沒有這種相關經驗」的人是「幸福」的。（但請「提早」做好「準備」。）

上述開頭的那一個「年輕主角的老爸」就是在這種「被朋友背叛」與「捲款潛逃」情況下，「酗酒終日」最後在這個年輕人兩歲時往生，這也就是爲什麼這個「成功新世代」不菸不酒的主要原因。（筆者也是不菸不酒。）

這甚至是他追求「被動收入」的「主要原因」，因爲有一天每個人都會「死」，每個人也都會「生病」與「變老」，但他「心愛的兒女妻子」都應該有一個「依靠」，最好是好幾個「穩定且持續」的「現金流依靠」。

最後他提到兩個最快的退休計畫（請看Youtube網路影音分享），分別是：

1. 一個月達成的2500萬退休企劃。
2. 三個月的三個包租代管計畫。

如果以一般的包租代管計畫，簽約六年，一年回本的話，五年的「租金價差」可以達到每年60萬（五年爲300萬），換句話說，三個案子總金額就可以達到一千萬的本金條件，接著如果以投資報酬率每年定存2％

來看，之後的每一年都可以有40萬的現金流入，所以「從此」就可以「提早退休」了。

他的「最後建議」有兩個：
1. 賺有錢人的錢。（不要跟窮人交朋友，因為浪費時間。）
2. 模仿有錢人的賺錢方式來賺錢。

但如果各位要學會這些「所有的專業知識」，可能必須要讓你「荷包」失血不少（未賺錢先虧一筆大錢）；反之，如果各位讀完筆者的「所有文章」，也可以免費學會這些的所有知識；當然這些都只是筆者單方面的說法，請各位讀者自行「驗證」之。

PS.

有讀者問這篇主題跟「包租公」有何關係呢？（包租公之前與之後的比較。）

筆者想說的是人生有「兩極」，一邊是「有錢又有閒」，另外一邊就是「無錢又無閒」，推到最極致就是「生者為窮」（一代窮或代代窮或貧窮世襲），「死而為鬼」（沒想法、沒空間與沒努力），「窮」比「鬼」更可怕，算是包租公的反面教材（寫得不好請見諒），「寫出來」讓大家體會一下「不努力學習財商」的「可能結果之一」。

包租公「講課」的「多重目的」

有一天，我的一個窮朋友問我說，如果「包租公那麼好賺」（也有0元購屋說法），這個人何必出來「講課」呢？

當場，我沒有「理」他，笑一笑，我就走開了；畢竟朋友中也是有善緣與孽緣，話不投機半句多，「窮人好辯」，我也懶得理他。

後來另外一個朋友「經過」看到我的反應，說要請我喝咖啡，我們就往星巴克走去，後來他問我為何是這種回應？依照我的個性應該是一場「雄辯」才是。

我笑笑地說，古語有言，「人不對，是失言；言不對，是失人」，如果彼此「不對等」，談話無益，且浪費時間。

可是既然有人願意請我喝咖啡，想來也很有意願請我吃飯，我就發表一下我的高論與見解（PK也不錯）。

我認為出來「講課」的人是有「多重目的」，有些是「明顯的目的」，有些是發展中的目的，基本上有「七個原因」：
1. 講課是「沒有成本的收入」，相形於包租公的事業。
2. 講課是「穩定的收入」，相形於買屋賺差價，又或者是租屋賺現金流。
3. 講課是集聚「人脈」最有效的做法。

4. 講課可以源源不絕，產生「更多」有效的生意點子。

5. 講課是「剛好我懂得這種操作技巧與原理」。

6. 講課可以「增加人生的趣味性」。（有錢更需要創造生活的樂趣；有錢人時間也更多，可以拿來享受或者是浪費。）

7. 講課可以是「寫作的素材」，我喜歡分享文章。

試問，有人會「嫌自己的錢很多的嗎？百萬身價的人想往千萬身價走，千萬身價的人想往億萬身價走，億萬身價的人想往股票上市的方向走，就算如同川普這樣富翁，也是想往「連任總統之路」邁進。（有錢人更懂得生活之道。）

而窮人「滿腦子」想的只有「今天沒有飯吃」，想的是「明天不能出工」，「好辯的目的」也只是想找「另外一個更無聊的人」，我們又何必「上當」呢？（快走，他好像要跟上來了～）

如果我這麼「輕易」上當，哪請問「講課的人很無聊？」
「寫書的人豈不是更無聊？」（就是要罵我～無聊。）

也就是說，在窮人的世界裡，今天有「明日的錢」就應該「喝酒慶祝」，今天可以找到「明天的工作」，就應該「盡情玩樂」；那如果大家聚集在一起又該做什麼呢？就是「聊別人的是非」與「政治上的是非」，這還是「喝醉前的尺度」。

那麼「喝醉後的尺度」呢？不是「打架鬧事」就是「聚賭生事」，再來就是「酒後駕車」（騎機車或腳踏車），最差的就是「回家打小孩」，不然為什麼是年輕時窮，年老也窮，一代窮，代代都窮。

至於「彼此是朋友」的原因，就是因為「少不更事」，交了「不好的朋友」；年紀大了之後，千萬不要再找他聊天（也不會有「什麼營養的話題」），否則「喝醉了」裝啞巴（裝瘋），你還要去櫃檯付錢（吃飯都是小錢），送他回家，他老婆還要瞪你（其實你是剛巧路過，他問你一個問題，你既沒有吃飯也沒喝到酒，卻要付錢討罵）；所以現在學乖了，「看到」就走人，以免「無窮無盡的煩惱」。

老實說，因為「寫書」，我真的認識很多有錢朋友，他們會跟我分享他們的人生故事，讓我的書有更多的養分；因為「講課」，讓我看到「更多的機會」，不管是因為當預售屋建案顧問，又或者是銷售中心的講師，又或者是當房地產活動的主持人；也許我已經有了足夠的錢可以退休，但我是「人」，總是要出來「交交朋友」，「豐富」我的生命（也不是每個人花錢的方式都集中在「全世界旅行」或者是「酒賭色毒」）。

更重要的是，「助人」為「快樂之本」，如果「真的」有讀者可以「透過」我的書而「避免掉財務悲劇」的話，也算是功德一件，不是嗎？

至於我這個好朋友，一生就只能這樣子了，我認為他「全世界旅行」是沒有機會了，「賺大錢」也沒有機會，「脫離貧窮」也不可能，應該可以有一個「蓋棺論定」的「結論」。

PS.

1. 也可以說，這是「沒有學習力」，所產生的「必然結果」；就算是在「智者」旁邊（凱薩大帝身邊的驢），也「只能」是得到「唯小人與女子難養也」的結論；就像是「親近的家僕」瞧不起「主人」一樣，是這個「家僕」個人的問題，「好朋友」也是一樣；「好」只是「過去的一個階段」，以「現階段成長」來看，應該算是「點頭之交」吧。

2. 如果「昔日的童年好友」想要「擺脫貧窮」，筆者一定是「全力以赴」；但如果這個人連「意願」都沒有，我覺得「窮」也許可以幫助他「少做些更壞的事」，畢竟「德行」為首，「財富」只是一件「小事」。

包租公的「退休生活」

講到「退休生活」，一般人眼中的退休生活應該是包含哪些呢？

其實基本上就只有三項，也就是：

每一個月要有一個基本的生活費。

存一筆大的本金。

有一個可以「享受生活」的「健康」與「年輕」。

可是以一個2020年的調查來看，百分之五十以上的退休老人連一個月的基本生活水平一萬元的都沒有，可見這是個很嚴重的問題。

也就是說，如果一個心目中的「退休生活費」是每個月一萬元支出來看，一個人的退休準備應該就是20年乘以每年十二萬元的數字，也就是最少最少都要有240萬來坐吃等死（65歲退休到85歲死亡，中間還不可以有醫療意外支出。）。

當然以上講的是窮人對「生活費」的想法。

如果一般人想過得好一點，給自己設定一定每個月兩萬五千元的水準，那麼他的準備金方式也有三種：

1. 每個月產生三萬元的投資報酬率。

2. 每個月花掉三萬元的本金。

3. 每個月可以產生三萬元報酬率的「保本本金」。

這個時候，一般人在「退休之前」的「努力方向」有三個，分別是：

1. 提高自己的知識，把投資報酬率從1%提到5%，本金的額度可以減少三倍，也可以減少儲存本金的時間。

2. 存更多的錢，讓投資報酬率的退流行，不會影響到自己的生活品質，也就是說如果可以存5000萬的本金，用投資報酬率10%來算，每年就是500萬的投資收入，萬一投資報酬率減損到1%來算，每年也有50萬的投資收入，也就是每個月都可以支出2萬元，都還可以不用減損到本金。

3. 產生「一個系統」或「多個系統」，同時滿足「報酬率的提升」與「本金的保本作法」。（2000萬本金加上每年投資報酬率5%100萬生活費）

當然這些所謂的「每個月的基本現金流入」，也就是作為「每月支出的現金流支出」來看，「這個報酬率」也可以是一種「組合」，也就是「多種能力」與「多種知識」的組合。（OPT其他人的時間、OPM其他人的金錢、OPE其他人的知識資產與人脈。）

同樣地，所謂的一筆「最大金額以產生報酬率」的「本金」，本身也可以是一種組合，可以是可以變現的房地產，也可以是產生現金流卻又可以做成「買賣標的」的「系統」（紙上資產）。

所以如果就以上的說法來說，一個人的提早退休方式其實有三種，分別是：

1. 確定「每個月都可以產生一定額度」的被動現金流（放棄本金累積思考）。

2. 確定「已經存夠到一定額度的本金」，例如1000萬或是2000萬。（以20年花完的想法。）

3. 預期自己「未來」可以「達成前兩者做法」的「信心」。（請看「0

元包租公祕笈這一本電子書」。）

所以如果以我的律師朋友的例子來說，她雖然已經可以達到退休的條件，但卻沒有退休的原因，是她喜歡他的工作，也享受她的工作，至於她被動現金流遠超過律師職業所得的最大好處是，她享受一種「無壓力」的「生活方式」（一切都像是遊戲的積極生活方式（但她不玩電玩這種浪費時間的東西）。）。

她說她有好幾個卷宗夾，每個「夯宗夾」都是不同的「系統收入」與「被動收入」，而這之中最容易拿來「比較」的「兩個收入」就是「執行律師收入」與「房租收入」，她說她幾乎都是每一天都花了「很多時間」「整理與準備」訴訟所需的攻防爭點（還模擬「多方角色」），接著才會有「越來越多」的客戶委託（公關與訪談）；反之她幾乎沒甚麼注意她的房租收入的銀行入帳清單，可是隨著時間累積；突然有一天她發現「她的房租收入」竟然可以「超越24小時不眠不休的本業收入」，甚至是穩定的多出了「好幾倍」，這時候她才體會到巷口「車輪餅老闆對老闆娘」的「體恤」。

這件事情發生在有一天，她去買女兒喜歡吃的車輪餅時，聽到老闆娘跟老闆「提議」回去娘家「遊山玩水」的「一時興致」與「說走就走的隨性」，可是她們的收入卻遠不及她執業律師所得的十分之一（多項收入中的單一項收入）。

她開始想到「她已經多久沒讓自己放一個假」；請注意「她是自己的老闆」，也是「所有員工的老闆」，她為什麼不給自己放一個假，幾十年連一個假都沒有原因又是什麼呢？（忙到沒有時間享受自己生命的每一瞬間。）

她應該也有「工作以外的角色」才對，不是嗎？身為人母、人妻、人子與親族中的一員，她多久沒有主動地打電話給自己的兄弟姐妹了嗎？

最後，筆者想說的是，有了一個「精確金額」的「努力目標」（一切就都變得「很簡單」）；假設是2500萬的這個「額度」，套一個「知名講者」的一句話，「我的一個想法就值2500萬」，也就是說就算他今天「一無所有」，他也可以在「瞬間」風生水起；這句話，台中老虎團隊講過，新竹的王派宏團隊也說過；我看到活得最久的只有一個人，就是俗稱「法拍教父」，聽說他的兒女都做「法拍」而且「達到提早退休的境界」（他的一個想法也值2500萬，而且他也做到了很多個2500萬，更難得的是好像是零負評，這真的三德兼具，口才、口氣與口德。）。

第47課

「收支比」的「替換」策略

有一次，我請教一個新認識菜鳥同學，他們班的貸款到底教的是甚麼東西呢？既然學費那麼貴，應該教一些很有價值的東西才是，可結果讓我大失所望，講的還是一些名詞解釋，像是甚麼是「理財型房貸」又或者是「本利均攤」的每期支付比較。

我跟他說，我們包租公比較喜歡談的是各銀行借款的標準不一樣的地方，尤其是可以借得多有關的支出比的替換，他覺得他應該把那一筆學費拿來跟我學，搞不好可以學到更多有用的東西。

接著我講一個窮朋友的故事。

這個朋友很窮又很固執，也因此銀行給他的房貸利率一直是在很高的水準，對這件事情，他認為他以後只要用他的兒子來貸款，以後應該可以得到很好條件的房貸利率，重點是其中一個聽話的孩子沒有工作，另外兩個有工作的孩子卻不打算買房子，結果還是從銀行借不到錢。

後來我告訴他，你應該從支出比的替換下手，幫你聽話的小兒子在銀行裡做點業績出來，這樣你就可以拿到一個「比較好的利率條件」。

可是就是因為他很「固執」，所以他還是「不願意做」。

我的建議方法如下：

1. 「全額貸」或「超貸」。
2. 「支付生活費的方式」（跟父親的打工薪水）改成每個月「定期定額」存入戶頭五萬元，不要給現金。
3. 要求房客將「租金收入」匯入「小兒子的戶頭」。
4. 調借「三百萬」存入小兒子的戶頭三個月，藉以換取銀行對月收入10萬的認定。（其實我知道窮朋友的帳戶裡有三百萬做為第二戶的購入基金準備。）
5. 「定存」存入小兒子帳戶銀行，以換取「收支比的認定」，例如某些銀行每半年有100元利息收入，就等於每個月有一萬元的收入，所以如果可存進產生每半年有1000元的利息收入，不就相當於每個月有10萬元的收入。
6. 研究每家銀行貸款「收支比的成數」，把業績做在「成數高」的銀行。
7. 先用小兒子名義「借一筆信用貸款」，「快借快還」以「累積信用」。
8. 有的銀行是看「估價」與「買賣價錢誰低」決定「貸款額度」，有的銀行只看自己的「估價」，「不在乎」你的買賣價格，您知道哪一家銀行嗎？
9. 同一家銀行先還，可以適用次一輪的標準貸款金額，不同銀行中的一家先還，可以適用轉增貸的另外一家貸款標準。
10. 同一家銀行先還，可以轉成「理財型貸款」或「綜合理財型貸款」，或「理財型貸款與定存利率」的組合。
11. 看「淨現金流」的包租公會善用40年與30年貸款期限（替代20年）、拉長寬限期與延展寬限期的作法。（轉貸一次就有一次新增的寬限期）
12. 先用「沒有貸款的老屋」，申請「理財型貸款額度」，以便不時之需。

（什麼都要「別人幫你準備好」，這就是「窮人一輩子窮」的原因；請問如果您沒有投資年輕人的第一桶金協助他，他怎麼扭轉人生的逆勢呢？）

換句話說，如果想要「貸款800萬元」，以20年攤還來看，平均月付金額4萬元，以收支比六成到七成來看，薪水收入的認定就必須在六萬元到七萬元之間，也就是說如果我的窮朋友不按照我的建議來做，姑且不說他兒子現在沒有工作，就算有工作也可能只有22K，請問他兒子如何可以借到800萬以上呢？

以上的這些想法，都跟收支比的替換策略有關。（「想要借到更多」的這個問題，比「只是借得到錢」重要十倍，也就是「貸款額度」與「薪水收入認定」有關，請注意「認定」這兩個字的意義。）

我告訴我的窮朋友，一個我在羅斯福路退休的老太婆都借得到錢，您卻借不到，這一切都跟你的「怠惰」有關，你永遠都是「問題發生後才想到學習」（更不用說那些無聊的堅持），這跟「累積信用」需要「長期運作」相違；所以你借不到錢，兒子也借不到錢，就算我告訴你，寫出來給你看，你還是一個「沒有學習力的人」，這些上帝都可以做「見證」，不是朋友不幫你，是你的「固執」害了「你自己」。

最後分享一個我在羅斯福路「中正史坦威」擔任「第一屆點交總幹事」的故事做為「結尾」。

在我擔任總幹事的期間，因為我人緣好，又懂得幫社區省錢，所以我的保全人員每天都有吃不完的點心，當然我也幫社區建議了很多更好的設施與設備，同時也改善了廢棄出風口的位置，讓地下室有「更清新的空氣」對流。

有一次我在辦公室編製財務報表，有一個屋主剛好拿一籃蘋果要送給我吃，看到我整個「背包都是書」，笑笑地跟我說，「年輕人想賺大錢，看書沒有用，要從房地產著手」，接著跟我分享她一個家庭主婦買預售屋「致富」的故事，她說光是「這一棟樓」她就買了四戶，其中三戶已經賣掉，她問我知不知道她賺了多少錢（幾千萬之譜），這還不包括她在承德路千代田買的哪幾戶（筆者早期住在大同區）。

最後她告訴我，這些錢都是從銀行「搬出來」的，用的就是「收支比替換」的概念，不然以她一個家庭主婦，她既沒有薪水且有年齡過大的問題，她憑甚麼可以貸款三十年與四十年？（應該也貸款出「好幾千萬」吧。）

而我這個窮朋友的「第一棟房屋」卻只可以「貸款十年」呢？利率還特別地「高」？請問您為何不「多問」幾家貸款銀行呢？請問這一生您「往來的銀行」卻只有「這一家」呢？請問您的「貸款知識」又是如此「欠缺」呢？這五十幾年來，您對「財務槓桿」都沒有「一點點的基本認識與應用」呢？

PS.

1. 我這個窮朋友認為他的「系統管理」與「財報能力」，比我這個「科班」的「研究生」還強，每次我都是笑笑地「不想理他」（大家不同等級，有何好比，也不會有人把我跟他歸成一類），他也自覺地認為在房屋貸款知識比我還多，只可惜他沒有任何一篇文章或著作來「證明他的想法」（「吹牛或自負」）；如果以他「碰壁事實」來看，只可以看到他的「固執」與「無知」。（為此我們之間吵過無數次的架，翻過無數次的桌子，但無損於我們彼此間的友誼；但如果「可以選擇」的話，我會「離開」，畢竟「江山易改，本性難移」。）

2. 我衷心的希望，「貧窮世襲」不會發生在「我好朋友身上」，「罵歸罵」，我還是希望您一切安好，平安喜樂。

第**48**課

老房客「過去紀錄」不漲價的原因

有一次同學問我，爲什麼有些包租公說「**老房客**比較不容易**被漲價？**」。

我笑笑地說，因爲一切都鎖住了，基本上有三：

1. 老房客的租金是試算過的，應該是超過貸款本金與利息的每月支付額。
2. 貸款本息是鎖定的過去數字。
3. 老房客在承租的過程中，房東沒有期間損失。

換句話說，新房客就是重新開始，所以是一大堆房客中「海撈」一個，所以也有三個對照想法，也就是：

1. 新房客的租金比較高，因爲沒有房東對房客主觀偏好的問題。
2. 一段時間後，貸款本利可能就會有所變動。
3. 沒有房客期間損失，需要從調高租金來補充這一段時間的本利支出。

既然是「租金」超過「貸款本金與利息的每月支付額」，這就表示：

1. 房客在繳「本金」，也就是房客在幫房東買房子。
2. 房東沒有淨現金流的流出，所以是越多越好，槓桿可以做到最大。
3. 房東在二十年期的貸款後，會自動增加一間屬於自己的房子。

所以我們就可以猜想到「何時是老房客調高租金的最佳時間點」，也就是：

1. 銀行貸款利息的計算基礎調高時，會反應在租金的調高。
2. 當房子賣給其他買主時，因應投資報酬率的要求，母數變大，分子就會變大，所以會反應在調高租金。
3. 房東打算趕人時，用調高租金作手段，沒想到承租客竟然還可以接受。
4. 當租金市場行情高到被老房東知道的時候。

當租金市場行情會被老房東意識到的最可能時機，應該也是發生在「尋找新租客」的空窗期，一來因為房東會去研究租金市場行情，二來在新房客的帶看過程中，這種話題可以是「很多來看租屋的人」會彼此討論的話題，所以如果這樣的討論讓房東意識到自己的租金太低，那麼自然會水漲船高。

講到這裡，就還講一個老朋友兒子的故事，這件事情發生在父子之間「對租屋與買屋之間誰好」的「爭吵」，後來請我出面，我把上述的講法講一遍給兒子聽之後，第二年，兒子馬上自己去買了一個中古屋。（後來又借了一個中古屋，跟丈人借。）

我的說法是：
1. 如果沒有「現金」也可以「買房」，你為何不買？
2. 如果你要幫房東繳利息，這可以接受，可是你要幫房東繳「本金」，你不覺得「被占了便宜了」嗎？
3. 貸款利息也許是一種負擔（寬限期才是真的利息），但是本金的部分可以透過未來增值的買賣「再拿回來」，其實就等於是「存款」，只有利息的部分是真正的負債，用來付給銀行的錢；就算是貸款本息剛好等於你的租金，其實也就等於你給自己降到房租，把房租降到以前的三分之一。

4. 「貸款利息」是一種「負債」，其實租金也算是一種負債，在「國外房地產投資與理財」的說法，就是「安全負債」，爲了「居家安全」而必須付給房東的「負債」，而且這種負債付出了二十年還一無所有，爲什麼你不選那種二十年還有一個房子可以養老的購買方案（貸款負債）。

5. 投資房地產還可以享受「增值」。

6. 房地產購買可以透過「時間等待」來規避「貶值的時點」，加上還可以居住與出租，可以享受多元的收入與高報酬率（房地產不像股票有強迫下市的規定，眞的是不賣就不會虧）。

最後我分享一個他們之後「免費住進大樓」的「提案」，有一天他知道他岳父剛好有一間算是古老的透天厝，因爲屋況很差，加上他沒有這筆大錢可以修繕，所以他經由好朋友「我」的建議，將這間二樓的透天厝委託給包租代管公司管理，簽了六年的包租代管合約，所以每個月都可以拿到好幾萬元，結果就用這筆錢去租了一個新成屋，剛巧這陣子預售屋不景氣，接著把自己原先購買的中古屋隔套出租，這樣每個月又多收了「好幾萬元」。

就是因爲每「一年多了將近百萬元的收入」，所以現在夫妻倆可以每年多出國四次，也改善了夫妻之間的感情。

讀者難道沒有聽過「貧賤夫妻，百事哀」嗎？

我認爲，如果筆者的一番話可以改變這個家庭，讓這個家庭往「正面積極樂觀」的小康邁進，應該也可以幫助廣大網民，藉此拋磚引玉，來讓大家冷靜思考下面三個問題，也就是：

1. 「租屋好」或是「買屋好」？

第**49**課

面對「形形色色」的「掩飾性說法」

買房子最怕的就是「形形色色」的「掩飾性說法」，這個部分需要「別人的分享經驗」與「自己看屋經驗」來加以「補強」。

以漏水為例，「漏水」的「掩飾性說法」有：

1. 「前一任屋主」沒有漏水。
2. 「上面沒漏下來」但「自己會漏下去」。
3. 非主要建物的漏水不在保固之內。
4. 仲介的漏水保固有專項與總金額限制。
5. 仲介的漏水保固不用在「已告知的範圍內」。
6. 漏水檢測方法有各說各話的空間。
7. 房屋本身已做過兩三次的掩飾，或短期間的掩飾。
8. 「新的漏水點」不在仲介漏水保固的範圍之內。

筆者有一個朋友，他就是專門在「沒下大雨的那一段期間」賣房子，他的這個想法起源他看的一本日本翻譯的書，也就是「凶宅怪談」。

他說日本賣凶宅，是必須告知「前一任屋主」是非自然死亡的附註，換句話說可以在前一任上做文章，也可以在屋主與承租人（屋主定義）上做文章，所以「這種操作與詭辯」會足夠可以撐過一段期間，接著來「各說各話」（法庭曠日廢時的辯論）；這種想法就像是這個黑心客在「沒有下雨的期間」賣房子一樣，運氣好的話，新屋主「發現的時間」可能是「遠超過半年」以後。

筆者舉另外一個例子來加以說明，有一次筆者去協助好朋友「抓漏」，抓到「漏水點」之後，不僅在頂樓補強、中間鋼筋水泥的深度補強、與底層的屋頂補強，接著要求屋主在其他的屋頂部分全面塗上指定的防水漆，讓整個屋頂看起來會比較美觀。

後來他雇工過來塗防水漆，但因為「指定防水漆的材料費用」比較貴，加上防水漆的黏稠度較高，施工時數可能會比較耗時（女兒牆牆面施工也需技巧），所以材料被改成水泥漆，施工廠商使用的理由就是「顏色比較美觀」。

後來被我抓到之後（看到材料桶的英文顯然不是我指定的品台），施工廠商說是屋主同意替換材料，而且他是按照施工天數收取費用，所以雖然看起來顏色類似，可是一個是「防水漆」（功能需要），另外一個是「水泥漆」（裝飾美化）。

筆者的主張，一向是功能在美化之前，也可以說如果在漏水問題沒解決之前，就急著把天花板蓋起來的急售屋，都可歸類成有問題的房屋。（美化如果在功能之前，往往是個災難，就像沒有符合消防法規設置的暗架天花板封頂。）

同樣地，如果在買屋之後「大肆裝潢」之後，又住不到幾個月的中古屋，通常也都是最有問題的房子。

為什麼？基本上有兩種：
1. 「想住」又無法「穩定地住下」來，這在「花大錢裝潢」可以看得出來（鬼屋住起來會暈眩，漏水屋住起來會疲於奔命。）。
2. 「本來就是要拿出來賣出獲利」，這樣的裝潢偏向掩蓋與偽裝居多。

這個「持有期間」資訊，在謄本上就可以看得到，也就是說如果讀者看到一間中古屋在短期內有多次頻繁交易，你會跑去接這個最後一棒嗎？

筆者建議可以多看看多聽聽，否則「壓力」可以不僅可以在「外貌」顯示出來，也可是以「日後的身體健康」作爲「代價」。

包租公
業內能力。

包租公的「最小版本」

包租公的最小版本有四：

1. 從「代租代管」做起。
2. 從「包租代管」做起。
3. 從「小金額多個案」源做起。
4. 從「人的二房東」開始做起。

換句話說，當包租公不見得要有自己的房子，也就是從代租代管與包租代管都可以賺到錢，而賺到的這一筆錢可能是22K薪水的好幾倍，不僅賺到的金額更多，而且所花費的時間要遠比上班的工時要少很多，依靠就是這方面的「專業知識」。

至於這裡面所包含的「專業知識」，其實就不外是下列三種，也就是：

1. 拍照與場景布置的技巧。
2. 網路廣告與文案的設計。
3. 帶看套房與承租客篩選。

底下是小張的說法，小張有一天告訴我，我又賺到了一個月的薪水，高興地告訴我說他很快地就可以有一筆裝潢金與購屋自備款，他說這一次他只花了「一個小時」就賺到了整個月的薪水。

因為他把「朋友」的三間套房放在網路上招租，當然這些照片與文案都出自於複製與貼上的這個動作，他在一個小時內約了將近十組承租客看

套房，幾乎可以說是當天就將三間套房都出租出去，以台北市一間套房一萬二的行情計算，他總共賺進了三個一個半月的租金，也就是五萬四千元整。

這時讀者也許要問，他的朋友為何要請他幫忙代租呢？
原因就是他的朋友不懂網路，連手機收郵件都不會，更不要說知道在哪裡張貼廣告，又或者是如何拍攝照片，甚至是花心思寫大綱與文案，加上有錢人都很懶，尤其是有錢的老人都很懶，所以他就有無數次的賺錢機會，靠的就是口耳相傳，我之所以認識他，也是因為有人告訴我，這樣的神奇包租公故事，尤其是零元包租公，誰說當包租公一定要有房子。

一般人總是認為「學會一個東西」，需要具備「幾個特點」，但其實是錯誤的，像是：
1.「短時間」學會「完整的知識」。
2.「事情」不可以學會「一半」或者是「四分之一」。
3.「知識」一定要有高人「指導」或「講授」。
4.「問題」一定有「百分之百」的「正確答案」。

小張說，如果一個人給自己加諸了「那麼多的負擔」，自然是「倍感困難」，可是他是邊做邊學，所以有很多的樂趣在其中。

以小張的例子來說，他說沒有「成本」與「損失」的事情又有甚麼可以害怕的。
第一個玩笑，就起於揶揄他的包租公朋友，笑他有套房卻租不出去。
第二個試試看，就是到網路張貼照片與複製別人的文案。
第三個嘗試是，竟然真的有房客打電話上門。

第四個邊做邊學就是竟然有新房客直接付出兩押一租要承租朋友的套房。

小張進一步解釋說，萬一這個過程中有一個階段失敗，對他來講，他都沒有「損失」任何東西（金錢），這整件事情對他來說，只會讓他學到更多東西（時間），後來甚至有人請他過去分享「個人經驗」，現在他也算是「講師級的人物」了。

所以當他「累積」了將近一百萬「額外的收入」時，他作出了另外一個大膽的決定，也就是包租代管，但也正因爲他不懂怎麼計算這種投資報酬率，他找了目前的包租代管業者來作爲學習的對象。

他的做法是先跟一個朋友談定「包租代管」同意，可是他不知道如何訂定「價格」（包租價格），他就找的一個市場上包租代管的業者前來估價，當對方開出條件後，他以這個租金條件加上一成租金跟他的朋友簽訂一個五年的租約。

據「小張的說法」有五個重點，也就是：
1. 一百萬就是他的學習費用，頂多就是付學費學到東西，這很值得。
2. 估計以「一年內還本」的做法，剩下四年就只有賺多與賺少的問題，沒有賠本與損失的可能性。
3. 這一場可以將他的運作能力，從代租代管跳到包租代管的水平。
4. 錢怎麼來，就怎麼去，投資的錢本來就是放在投資項目，不斷翻滾而產生更多的利益。
5. 這個包租公朋友只會跟小張簽約，因爲小張的條件更好，而且彼此是很好的朋友。

至於小張的「朋友」怎麼來呢？

除了「家族親戚間」與「公司同事」以外（鄰長與里長都很熟），小張還很積極地參加以下的社團，像是：

1. 讀書書（內湖讀書會有上千個會員）。
2. 包租公訓練課程與財商訓練課程。
3. BNI正面影響力社團。
4. 獅子會與扶輪社。
5. 社區巡守隊（老包租公俱樂部）。
6. 國小導護大隊與國中校長會。
7. 紅十字會與游泳訓練機構。
8. 英語演講社團（Toast Masters）與健言社（中文演講社團）。

小張說，他的「閒暇時間」百分之百都用在於創造「被動收入」，如果不是用於「創造更多人脈」，就是用於「創造更多的額外收入」，直到有一天發現「額外收入」已經遠大於「薪水收入」的「三倍」時，換他跟老闆說「再見」（兩倍就相當於總經理與老闆的所有收入淨額。）。

在當「科技新跪」的那一段時間裡，他算過如果以他「上班打卡制，下班責任制」的「固定薪水」來看，一天到晚從九點到午夜十二點的「時薪」來算，「他的每小時」遠低於「麥當勞打工的工讀生」（深夜差更多）；萬一公司一啟動「無薪假」的輪休，他每天晚上連「睡覺」時都會被「嚇出一身冷汗」，更不要說白天就會像一個「無心」的人，惶惶終日且食不知味。

最後用了一句話來加以總結，「人無遠慮，必有近憂」。

第**51**課

準備多少「錢」

當包租公到底要「準備多少錢」？

「錢」其實就等於「風險」。

也就是你可以「損失多少錢」而不「心痛」。

又或者是「損失多少」與「獲利多少之間」的一個「平衡」。

筆者的朋友曾經在中和環球購物中心附近，在2020年租到一個三房兩廳約有30坪的使用空間，換句話說如果是簽一年就是12萬，如果簽兩年就是24萬，如果簽三年就是36萬。（最大風險與成本所在。）

也許我有些朋友認為這是個「損失」，那就要看「站在甚麼角度」來看，底下是「可選擇性」的「幾種說法」：

1. 減少租金的說法，原本筆者在當地租一間一萬二的SOHO族辦公空間；租一間公寓來替代一房一廳的套房。

2. 減少租金與增加營收的說法，筆者在帶兩個朋友進去當作是共生空間，一個朋友付我7000元，我還多出4000元的現金流與一間獨立的辦公室兼寫作空間。

3. 進一步減少租金與增加營收的說法，筆者再帶三個朋友進去當作是共生空間，一個朋友付我7000元，我還多出一萬一的現金流與一間可以寫作的客廳，畢竟這三個人是晚上才會使用空間，而我是白天使用空間。

4. 用「多賺到的租金」將自己的辦公室套房升等成「商務中心的辦公室」，這樣可以增加簡報中心與講座會議室。

（這是站在「不考慮裝修成本的情況下」來利用這個「公寓空間」。）

也就是說，當有「這個機會」出現的時候，我的定金一次就是給六萬，就是把老房東鎖住，讓老房東兼老朋友的他沒有「反悔空間」，甚至我可以先付一年的租金，接著把「押金」這個東西省略掉。
（既然沒有裝修成本被計算在內，就是隨時可以進去，也隨時可以出來。）

當然我的老朋友也知道我會跟「幾個創業朋友」一起住在這個地方，而他也知道我會「善待」他的房子。
（這時候我還沒有搬出「包租代管」與「代租代管」的本領。）

畢竟我不抽菸、不吃檳榔、不賭博、不養寵物且沒有酗酒惡習，可以想像的是「我的朋友們應該也是同樣水平」，至於準時繳租的問題更是不需要懷疑。

至於我的錢怎麼「搬出來」，最直接的做法就是從一千萬的理財型貸款中搬錢，另外的做法就是從其他的現金流入中搬錢，最簡單的做法就是從存款中搬錢，也可以從朋友中的「預收租金」中搬錢，當你有很多種搬錢的作法時，您的「投資行為」就會越來越「豐富」（手段也會越來越多元）。

這就像筆者有一次很幸運地經過一個「當鋪」時，竟然在櫥窗裡看到一台跟我既有的筆記型電腦類似，標價是3500元，但同等級的新品應該是三萬多元起跳，當場就走進去當鋪把筆記型電腦抱出來一樣，我的損失是「固定的」，但我就又多了一台「備用機」，一台可以抱來抱去且不會心疼的備用機，之所以有這樣的「價差」就在於當鋪的人不懂電腦，

我卻也可以「損失得起」的心情下，產生這樣的一筆交易。

剛巧也正在發愁在新購筆記型電腦新版Window10作業系統，會有購買新軟體的大量支出的問題，剛巧又買到一台雙系統的筆記型電腦，整好可以「解除」學會新軟體的教育訓練支出（補習班學費），這些就是「包租公將本求利」的「類似思維」，也就是「小賭注」博一個「大生意」的概念（事件發生於2020年5月7日中午12點於台北市）。

包租公的三個「版本」

「流行」的「包租公」的三個版本（方便記憶），分別是：

1. 中古屋改套房的1.0版本。
2. 無房也可以賺租金差額的二房東2.0版本。
3. 月租改成日租的活動多樣化3.0版本。

（新竹包租公論壇的說法。）

但上述也是屬於「容易記憶」的說法，如果以包租代管的進化史來說，應該有六種收入類型：

1. 開發二房東的半個月獎金。
2. 代租的一個半月佣金收入。
3. 代管的10%的一個多月租金收入。
4. 二房東的租金價差設計。
5. 二房東晉升為包租公。
6. 縱橫所有房市物件。（預售屋、新成屋、中古屋、法拍屋與瑕疵屋處理）

同樣地，法拍屋也有類似的運作方式與收入特徵，也就是：

1. 沒有錢玩最高深的小吃大，共有物分割。
2. 有點小錢玩不點交的法拍屋。
3. 有點適當的錢玩點交的法拍屋。
4. 有大錢玩大吃小的共有土地處理。
5. 有大錢加上工程知識可以玩群體的爛尾樓建築。

6. 有大錢加上財商知識可以玩不良債權購買與處分。

7. 把法拍屋當做事業經營的代標與代管事業。

8. 把法拍與仲介整合，或法拍與包租公整合。

但總歸的來說，包租公的最大好處就在於進可攻退可守，進可攻的意思在於可以賺買賣房屋的價格差異，退可守則是可以不斷的收租金，產生淨現金流的收入，最後還可以整合成滿租後賣給下一手的投資報酬率。

接著我們來討論最前面的中古屋「隔套收租」，為何是最基本的版本，原因就是「買第一個房屋的目的」是「著重在淨現金流入的產生」（也就是租金來繳貸款本息的投資報酬率公式。）。

至於二房東為什麼是「進階版」呢？其實在台北市的說法，「二房東開發」反而是年輕人的第一步（零成本），接著從開發二房東案源走入開發房客（彈性時間），所以代租應該是年輕人的第二步（假日與下班時間），接著從一次性收入走向連續累積性收入（代管），所以代管應該是年輕人的第三步，最後就是小小承擔一下二房東包租代管的風險，也就是從代管走向包租代管（賺租金差價與創造租金差價），也就是說二房東是年輕人的第四部，接著從虛擬擁有走向實際擁有（包租公），也就是從包租代管走向「隔套收租」，上述說法是台北市鼓勵沒有資金的年輕人所應該遵循的致富之路。

最後的月租改成日租，大家都應該看得懂；另外的一個「活動的多樣性」就是把日租變成時租，又或者住人改成洗車，又或者住人改成會議室租賃，又或者是住人改成停車、停攤車、文武市停車（K書中心），與集市商場的創造與活動類型的組合規劃（辦公室登記或商務中心或演講中心）。

「終極目標」應該就像是「中科購物商場」那種「無中生有」的「這種典範」。（京華城與某些購物商場都算是失敗的例子；算是浴火重生的是台茂購物商場。）

換句話說，筆者所鼓勵的學習方向（或預售屋操盤實務），是從包租公走向土地開發（都市計畫或都市更新），從小筆土地走向多筆土地的市地重劃與區段徵收，從大筆土地的分割繼承走到整筆土地開發的多數決處分。（或者說是老屋重建。）

而不是一般房地產專家與財經專家的所謂「室內裝修」與「軟件配置」。（不管是泥水工程的硬裝修或者是美化視覺公程的軟裝修，都只是裝修工程中的小項目（筆者還發包過南港建案的弱電工程與物業管理設計），整個建案的建築經紀才是筆者的學習目標（爛尾樓與不良債權的再生工程），所鎖定的典範是內湖區幾萬坪「亞太經貿廣場」的三棟主體建築，筆者是該建物群第一任的總物業經理。）

PS.
「小小鳥」豈知「鴻鵠之志」。（做不到則又是另外一個議題。）

「包租公」的「買房哲學」

如果想要當包租公，買的房子一定要可以出租得出去，反之如果「無法出租」或者是「出租的價格」不合理，代表尚有很大的學習空間，也就是能力不足的問題。

所以有一次，當我們聽聞到有一個號稱是包租公的人買了哪一個豪宅時，同行的資深包租公小王說，這人不是包租公，包租公不買底下類型的產品，也就是：
1. 包租公不買豪宅，可能會出租不出去。
2. 包租公不買別墅，周邊沒有工業區與辦公區。
3. 包租公不買三房以下電梯大樓，因為改裝不易。
4. 包租公不買不合法產品，像是工業住宅之類。

換句話說，大多數的包租公只購買三種產品，也就是：
1. 出租價錢高的獨立套房。
2. 容易買賣的二房產品。
3. 四樓以下的中古屋公寓。

換句話說，如果有的包租公的房子除了考慮出租以外，還有考慮到「自住」的可能性的話，通常包租公買的是兩個兩房的同層建物，又或者是自有土地的透天厝，可能是二層樓的建築或者是三層樓的建築。

也正因為包租公買賣的房子都是以出租為導向，所以可能是第一天買來

就準備出租，所以買屋的同時會準備一筆裝修款，主要判斷是整個投資報酬率中的淨現金流入的貢獻，這個淨現金流入必須是「遠超過」貸款本息，最差情況的淨現金流入也必須「遠超過」寬限期的利息兩倍，也可以說，當房價趨勢往下走的時候，租金也不會受到影響，當房價趨勢往上走時，包租公可以會刻意作高「租金的投資報酬率」，接著把房子整層以天價賣出，算是進可攻退可守的操作方式。

換句話說，如果「投資報酬率的事先試算」就無法過關，那麼包租公會進一步地做三件事情，分別是：
1. 進一步的壓低分母的房屋總價。（七折購入或五折購入。）
2. 進一步拉高租金價差（分子）。
3. 降低裝修的預算。（「賺租金價差的裝修」與「賺買賣價差」的「裝修重點」不同。）

這就好像如果「長業」的「二房東」，或者是「專業」的「二房東」，談的「承租條件」一定會滿足以下的「三個條件」，也就是：
1. 拉高租金價差，殺兩成與拉兩成。
2. 拉長租約年限（至少五年），裝修款一年回本，算四年的租金價差。（最差是一年半內回本。）
3. 降低裝修款，不管是側重軟裝修的視覺工程，就是二手的設備購置。

如果依照「富爸爸的淨現金流入貢獻」的「算法」來看，「以下的資產組合購入條件」其實就等於是「負債」（會讓自己萬劫不復的窘境。）。
1. 高價購入且利息負擔沉重。
2. 無法出租以產生現金流流入。
3. 以自己的喜好裝潢，擴大裝修工程款的負擔。

4. 被利息壓得喘不過氣，又臨時決定出售。

5. 售價過低，且無人願意接手。

最後分享「二房東」的「另外幾個勝算」之處，也就是：

1. 大房東的數量比二房東多了幾百倍，二房東「專業優勢」較強。

2. 二房東有長期承租戶的口袋名單，很有可能跟著二房東的承租務業到處移動。

3. 二房東並沒有「賺利息卻損失本金」的問題，也就是五年租約一年回本後四年期間內，二房東都可以穩穩收租。（只有賺多賺少，卻沒有賠本的問題。）

4. 二房東可能有「購置」大房東資產的「淨現金累積流入資金」。

5. 二房東的投資報酬率試算是放在前面（決定比例分配），大房東的投資報酬率試算已經變成沉沒成本，不具備談判條件。

最後分享租賃界「年輕小前輩」小傅的一句話，「食衣住行育樂」這六個項目（「食衣行育樂」都可以「將就」一下），「住」應該是「最難處理」且「金額最高」的一個項目，而且這個選項還是「最優先選項」；也就是說萬一某一個「中南部的有為青年」，畢業後找到一個非常好的工作（剛巧在北部），請問他可以「每天住在中南部卻靠著高鐵通車」嗎？

既然他有「付租能力」，而且有「很強的付租能力」，這個人是否會「選一個離公司較近」的地點，又或者是一個「坪數較大較舒適的地點」，對他來講這就是他必須住在「你這一間出租套房」的原因。（付租能力不等同於買屋能力；也不等同於貸款能力；買屋也不是錢多就好，還有知識存量在裡面。）

萬一他又「不敢買」，又或者是「沒有能力買」，「競租者」眾的結果，就是房租不斷地調漲，這是「供需」的問題；這不是「整體房價趨勢下降」的問題；就算是他有能力買且有意願買，有沒有可能因爲「你這個房東不賣」，所以他還繼續「掛在哪裡」，「買不到中意的房屋」導致「所以不買」，那這時他要不要「繼續」找一個地方「居住」呢？

以時間切割的「三個階段」

如果以「學習觀點」來看包租公的能力，「包租公要學的東西」確實是很多（也不容易講清楚），但如果以「時間切割」的觀點來看，其實包租公能力有三個階段，分別是：

1. 開發物件的階段。（買或談是不一樣的能力。）
2. 工程的階段。（隔得好或隔不好差很多。）
3. 招租與管理的階段。（租金高或租金低是不同的位階。）

所以如果以「合資的觀點」來看（能力合資或資金合資），包租公的最小組合就是三個人，第一個人能力重點在開發的能力，可能是以很低的條件購買一個物件，或者是可以用很好的租約來取得二房東的物件；第二個人能力重點在於用很低的成本可以合法隔出更多的套房；第三個人能力重點在於很會招租，不管是寫廣告文案與拍照，甚至很懂得管理套房的人；這樣的組合可以將一整層的招租套房管理到最好，而且是「有始有終」，前兩者強調在最低的成本，後一者強調在最高的租金，使整個投資報酬率可以達到最高。（「做一個循環」就可以馬上檢討「預算與實際間的差距」。）

如果用這一個觀點來看，接著將每一階段的包租公能力「條列」出來，基本上就可以列出包租公的學習重點。

開發物件階段能力的劃分，第一個買中古屋在買在「最低價」與「最好的區段」，所以這部分的能力組合有三，分別是：

1. 房地產看屋與估價的能力。（與仲介的關係）
2. 貸款的能力。（與多間銀行的關係）
3. 投資報酬率計算與砍價的能力。（租屋的行情與租金價差的規劃）

至於「工程的階段」，主要能力也有三項，分別是：
1. 合法隔套的規定。
2. 發包與規劃套房的能力。
3. 監工與時間進度的管控。

最後的「招租能力」也有三個重點，分別是；
1. 照片拍攝與文案撰寫的能力。
2. 過濾租客與帶看的能力。
3. 管理房客與趕走房客的能力。

換句話說，如果是三個包租公一起合作，除了「頭期款」可以進一步減低成三分之一以外，在分工上，也可以找出三個不同能力的人，換句話說，每個包租公的學習時間可以縮短成三分之一，甚至是說如果合作的包租公應用的是「既有的能力」，那幾乎就可以「馬上開始」做「這一件事情」。

換句話說，如果存兩百萬兩成的自備款需要十年的時間，三個人每個出資六十萬就可以利用借貸的能力馬上取得，同時應用既有的能力來階段性的分工，就可以馬上開始包租公的事業，接著透過拉長時間的做法來學習彼此的專長，那麼兩個階段性的時間節省，第一個資金準備與第二個能力準備的時間可以壓縮爲零，這卽符合「0元包租公的卽時應用」。

接著用第一次所產生的租金現金流來累積與購買第二次包租公的物件，甚至可以彼此轉換角色，以老鳥帶菜鳥的做法還進行第二次包租公務業的時間循環，也就是原先做工程的人可以出來開發物件，又或者是原先做招租的人可以出來開發物件，畢竟這三個階段的能力都是圍繞在同一個物件基礎之下去做所謂的成本最低化與收入最大化。

所以就像三堵牆面可以產生一間套房一樣，其實兩堵牆面也可以產生一件套房，我也看過一堵牆面可以產生一間套房，與兩堵牆面可以產生兩間套房的做法，這些都是一種組合與預算的結果。

反之，「一房一廳的套房」雖然跟「套房的價位」有所不同，筆者也曾經看過「明明是同樣面積的套房」，可是「某甲房東」多做了一個拉門，讓房客感覺到一房一廳的獨立性，在出租時間上就縮短了15天，而且在每間租金上應是拉開了5000元的差距，其實在「我房東的觀點」（面積計算上）上這兩間其實是「一樣的套房」，不管稱它為「一房一廳的套房」或者是「一房一衛的套房」。

筆者也曾設計過所謂「一房一衛的雅房」，目的是跟「一般的雅房」（共用廁所）區隔開來，原因就是為了「減少工程支」出並善用「閒置空」間，也就是將四樓未蓋滿的天井花圃用來增設三件有獨立鑰匙的衛浴空間，藉以滿足雅房租客對專屬衛浴與洗衣空間的需求（想待多久就可以洗多久），並「拉高天井窗」做「升降式的曬衣空間」，換句話說，曬衣服或曬棉被可以不用收，這在多西北雨的台北市是很受歡迎的設施選項。

挑對「點」，租金收不完

「好住的房子」，基本上是「沒有人想搬走」。
尤其是「搬不走的房子」，更是讓人「想念」的房子。

我當學生的時候也租過不少房子，有幾個房子讓我印象深刻，所以我告訴我自己，如果有一天我有了錢，一定要裝潢成這種房子，一個不僅我喜歡，別人也喜歡的房子。

我以前跟同學曾經租過三間雅房，雖然是「三房一衛浴」（廚房對學生則是無感），可是我們三個人從來就沒有機會爲了「搶一個廁所」而有任何的不愉快，事後回想起來覺得是那一間房子設計得好，所以讓我們沒有這個困擾。

該中古屋雖然只有一套衛浴，很簡陋的一套衛浴，可是其實是獨立的三個空間，也就是說洗澡的澡堂一間，有一個洗臉盆與用磚塊砌成的澡盆，裡面還有洗衣機與脫水乾衣機，對男學生還講，不管是洗頭與洗澡都很方便，有時候還可以不關門，讓另外一個同學沖個腳或刷牙。

另外有一個兩進式的空間，最裡面是一個蹲式馬桶，有門可以上鎖，在外頭則有一個男士專用的尿盆，所以說，萬一我們三個人同時搶廁所，也都沒有排隊順序的問題。

後來我們幾個同學搬到現代化比較新的公寓，就會有搶廁所的問題產

生，因爲一來現代化的廁所都是坐式馬桶，而且排氣系統設計得不錯，加上沒有專用尿盆可以暫時解急，每次都讓我們這些租雅房的學生抓狂，因爲不管我們要洗手、洗澡、洗衣服或者小號或者是大號，大家搶的都是同一個空間，萬一宿舍裡有女訪客（其他層雅房也會有同樣的問題，至於套房的同學都會假裝不在以避免困擾）；這下子大家只能衝到「大街」上去找星巴克或者是麥當勞這些「有提供廁所的餐廳」，又或者只能把這個「動作」安排在學校裡面，畢竟只有學校裡才有整排的廁所可以不用等待。

也因爲這樣子的痛苦經驗，所以後來我們的租屋選擇都會選擇「套房」，以避免這些不愉快，畢竟自己有獨立的衛浴系統，不僅乾淨衛生，必要時還可以收去上廁所費（50元使用費），算是使用者付費的最原始概念。

對我而言，「付錢」永遠是小事（「坐地起價」也是小事），可怕的是對方不開門或者是假裝不在，那千里尋找廁所的痛苦才是椎心之痛。

除此之外，還有一種「時間換空間」的「一房一廳」也是「我個人的最愛」，「一房一廳」還可以有底下幾個特色，分別是：
1. 一房一廳間有拉門，可以隔成兩個空間。
2. 一廳的牆壁上可能有一個訪客來的下拉床，可以以便不時之需。
3. 一廳上的天花板可以藏有另外的一個空間。
4. 一房下方可能藏有好用的倉儲空間。（抬起的床墊或底下的架高地板。）
5. 走道公區旁有飲水設備或洗衣空間（或冰箱，或微波爐，或烤箱）。
6. 以「投影機」代替「傳統電視機」。（軌道式的LED電視牆）
  （最棒的是衛浴窗況外推，有高拉窗可以吊掛，有透光窗可以採光，還

有下捲是窗簾可以阻隔，還有平台可以放一些小盆栽。）

當我升格為「房東」之後，我特別在乎「收納空間」的設計，我認為只要我自己認為喜歡的空間（好用的空間），或者是外界「所無法替代的空間」，就是可以「拉高租金」與「尋找優質房客」的空間。

有一次，記憶中的某一個舊房客搬走後（好房客都會準時匯錢，難得見面聊天，房東也是很忙的），剛好在「用餐時刻」巧遇，後來她告訴我，雖然「他男朋友租賃的空間」比「她的原有小套房」大「兩倍到三倍」，可是東西「放不進去」，就算「放進去」也是「雜亂無章」，接著問我這個舊房東是否有這樣大的空間可以出租給她們居住；我笑笑地說，這就是「收納巧妙的祕密」，我有小空間但沒有大空間，後來也陸續地賣給我的房客，現在專職寫書，可能也無法再提供任何新服務了。

只看見她一臉惋惜與懷念的樣子，這就是「精巧設計」所帶給人「溫度」的「回憶」。

PS.

筆者非常喜歡看「小空間大改裝」的類似影集，往往一看就是「一整天」，所以我常找機會如法炮製一下；反正有錢就是有辦法，但絕對要能夠提出「需求」，否則室內設計師只可以提出「一般水準」的「簡單設計」。

「業務」沒有「收入的天花板限制」

曾經有一個「單親媽媽」分享說,她在當包租婆之前,兼了四份工作,加總起來也只有四萬多元,結果就出現隔代教養的問題(也累到忘了自己是誰的無數個無眠無日。);一直到從事包租代管的事業(才體會到賺錢是如此容易),她才從腳踏車換到進口車,從小公寓搬到台中七期豪宅,靠的就是「業務沒有收入天花板的限制」,靠的就是「代租代管」這個「新興的行業大趨勢」。

她說,只要是「簡訊」可以約得到的「時間」與「地點」,「代租代管」這個工作,連「啞巴」都可以「做得到生意」;這種故事也同樣地發生在仲介這個行業,曾經有一個聽障人士站在新北市的市場入口連續四年不分晴雨天(發宣傳單),最後成為一本書的作者甚至成為該行業的新北市仲介「銷售冠軍」。

接著說,「包租代管」這個「價值創造」就在於「賺有錢人的錢」;因為有錢人怕麻煩,也算是「懶人經濟學」(有錢人的第二代),藉由幫有錢人「服務」來快速累積「自己的第一桶金」。(下一步就是模仿有錢人賺錢的作法。)

也可以說,代租代管可以從「業餘兼差的剩餘時間利用」,從「一次的代租傭金」走到「永續的服務管理費用」(代管費用),接著走到「包租代管的二房東」,接著再從「二房東」走到「大房東」,從「一戶套房」到「整層套房」,從「非法隔套」走到「合法隔套」,從「月收

租」走到「天收租」，從「天收租」走到「時收租」，從「整層收租」走到「整棟收租」，從「爛尾樓」走到「資產再活化」，從「私人包租」走到「社會住宅標案」。

曾經在一場演講裡，筆者問「聽眾」兩件事情，也就是：
1.「退休很難嗎？」
2.「退休需要多久？」。

大多數的聽眾都把這種問題看成是「時間到了」的問題。
也就是20歲的人要等45年，換句話說，也就是40歲的人要再等25年。
（也就是說，退休永遠無法提前實現。）

沒有人去試著改變「問法」？或者去改變「問題」？

像是：
1. 退休需要「多少錢」就可以？
2. 退休「重新」定義？
3. 退休需要「甚麼條件」？
4. 退休是否可以「提前」完成？

千萬不要給「社會輿論」有關的「養兒防老」與「養妻防老」的概念所騙。

如果以號稱包租金童的說法來說，他在日本的包租婆（房東）只有一棟兩層樓的建築，一樓自己住，二樓有四間套房租給四個外國人，每個月有十萬元左右的租金，加上日本有完善的退休養老制度；雖然她老公與子女都已經見不到面，她依然有快樂的退休生活（一樓也沒有樓梯的困

擾）。

然而這個包租婆「以前是老師」，但因爲現金流收入豐厚，早已不做老師，

（我老婆是包租婆也是老師，因爲他樂在教書，積極貢獻社會。）

這個就是他想帶給妻女無憂無慮生活的原型，也可以說是他在台中發展「包租代管事業」的初衷。（聽說現在在台北也開一家分公司，並開了一家建設公司；當然也給老婆大人開了一家咖啡店作爲滿足夢想的空間。）

「房客」的「預先過濾」

每個人都有一些所謂較為低階的老朋友，通常這年頭也很少有機會可以認識到低階的新朋友，因為彼此的生活作息與社交圈將兩個世界分開，最主要的是「沒有目的性」，加上「新聽眾」大多數也都是「付得起學費」且「積極學習」的人，這些人一輩子都沒有「被視為老殘窮」的可能。

當我帶上我的「房東濾鏡」時，這些低階好朋友「都沒有機會」進入我出租的套房居住，一來是因為他付不起這麼多錢，二來我擔心會嚇跑我的優質房客，所以每當有這種類似的提議時（事業歸事業，朋友歸朋友，送現金可行，借現金免談），我會說「事業經營必須具有高度專業」（代租代管更需要站在房東的利益考量），在「友誼的世界裡」我可以「送」你一點錢，順便介紹某些「移工宿舍」；其他的我真的幫不上忙，免得我自己也被拖累了，那就連金雞母都沒了；不用把我拖累跟你們歸成一類吧（老殘窮這一類；集體貧窮。）。

談到房客的「預先過濾」，對我而言就像是「舞台劇的精心設計」一樣（有次序步驟，且還有走位與預演腳本。）。

舉例來說，一般仲介可能在新房客參觀住宅的時候，預先進去開冷氣，並準備六雙拖鞋，打算讓每一個參觀者有「賓至如歸」的感覺（賺到一時的佣金）。

我則是剛好相反（長期管理導向，房客可以是一輩子的朋友），因為我確定我的冷氣機絕對有完美表現，我會在大熱天裡穿著傳統上班族的白襯衫，建議新房客一夥人可以先將衣服「吊掛起來」，目的就是過濾掉那些刺龍刺鳳這些房客，倒不是說我個人有甚麼偏見，這個是房客「建議」我的；他們希望他們的新鄰居是正常一點的人，也可以說是白領階級拿筆的，而且是坐辦公室手拿蘋果筆記型電腦的這種人，所以我就「從善如流」，拿「蘋果筆記型電腦」的人可以加分。

那麼如果跟我一樣，整個身體包的緊緊地且汗流全身的新房客，還不想捲起袖子，這些就是「謝謝再連絡」，說法是「剛巧這房子又被另一個業務訂走了」，先「封」起來再說。（算是房東也要假裝業務帶看人員，以免被裝箱或綁票。）

一旦「第一關」測試完畢之後，我會打開我的大馬力高效率的冷氣機（筆者受過冷凍空調的職訓局訓練），接著我會從外面叫進來一些冷飲或小點心（外送冷飲），順便問「新房客」有沒有之前住過套房的照片（筆記型電烤），我的藉口是「想了解其他房客喜好的一般喜好」（一些市場調查有關的套房設施與布置擺設）。

其實我是想了解底下的兩個重點，分別是：
1. 新房客「東西的多寡」與「生活習性」。
2. 新房客照片裡中電腦旁邊的「音箱等級」。

如果是「正常的房客」，就會開始介紹她「所居住過的套房」，還有「離開的前一任房東」的特質與經驗，接著提到「退租與解約」的「理由」，與她理想中「所謂套房必備的設施與設備要求」。

當然在此同時，我們房東也會試著回答「這一層」「套房舊客戶群」所制定的「居住公約」，像是：

1. 不可以養寵物。
2. 午夜12點後到清晨5點前會將外面的鐵門鎖上，基本上「只出不進」。
3. 午夜11點後不供應熱水沖澡。
4. 午夜11點後到8點前不可以使用投幣式洗衣機。
5. 午夜11點後公區走道只留感應燈具。
6. 女生宿舍禁止攜伴過夜。

筆者認為如果「新房客之前套房中的公區設備」比「我介紹這一間套房的公區設備」更優，「價格」更「便宜」，離公司「更近」，而且新房客「越急」著「馬上搬進來」，這些都可以成為「我拒絕新房客」的理由，因為這很不合理，又或者她騙我；一個一開始就騙我的人，很可能會繼續騙我，或者是一直騙我。

讀者如果再回去「比對」我「對外管理房客標準」與「對內低階老朋友」間的「差距」，就可以發現以下的「社會現實」：

1. 沒有穩定工作的人找不到好的套房。
2. 老人不容易找到好的套房。
3. 窮人的習慣不好，喝酒抽煙吃檳榔樣樣來。
4. 老朋友不會遵守甚麼社區公約。
5. 老朋友絕對不會正常繳租。
6. 老朋友「不容易」被直接打包。
7. 老人的接受度不高，尤其是已經住在裡面的年輕高端套房住戶。
8. 老朋友收聽音樂的習慣很差。

「階段性的動作」等於
「要求你的房客也做一點事情」

我個人有很多「包租公知識」是源自於學習「以前管理學生宿舍的房東」，可能也是這個房東有學過一些「法律程序與判例」（興趣所在；有錢又有閒），所以有些看似「棘手的事情」，在他「處理過程」中簡直可以說是「完美的房客管理教戰手則」。

這個我將會舉個例子來加以說明，像是：他有很多的「獎勵措施」（外賣送宵夜與打工介紹），當然也有很多「懲罰措施」（換套房或者是部分打包），尤其是「這些故事」在「事後」想起來，都覺得「他很有深謀遠慮」的觀點與見解，

像剛搬進來的時候，他會拿一個筆記本，透過「精準聊天」的做法，幾乎是在第一個時間點就寫入了所有房客關係人的所有聯絡方式，不僅是電話與手機，不僅是彼此關係與聯絡通訊處地址，甚至他會問「協助搬家的人」一些房客的「親屬關係」與「主要的聯絡方式」，剛開始我認為這只是房東比較熱情且喜歡聊天，直到有一天發現他「總能防範於未然」的原因。

事情發生在我某一個室友，因為「太混」導致被當了二分之一以上的科目，結果就在哪幾天，室友的父母就趕到宿舍等他們的兒子回來，接著就雇了一台車把他的所有家當都搬回去；也正因為感謝房東的提醒與告知，連該學期剩下的學費都繳了，針對這件事情大家都很好奇，房東到

底是怎麼辦到的。

結果房東告訴我們（在幾十瓶啤酒人海戰術之後），當他「有一天」以關心的方式問了房客考試成績與表現如何時，他發現房客神色有異，後來他就問他的同學與女朋友，接著就跑去學校跟班導師送茶葉並聊天確認（故事都是如何幫助學生重拾自信心之類的），後來就確定「房客被二分之一當掉」的事情。

結果當天他馬上通知他的父母，接著開門，請雙親進來宿舍「等待」，接著就談到他「可預期」的損失，後來對方父母不僅「感謝萬分」他的協助與用心，還額外地給足了剩下的房租（學生房租以每半學年計算）。

談著談著，房東「興致」也就越來越高，接著告訴我們他如何管理房客的「階段性手段」，這還包括「幾宗」防止房客「自殺」的積極做法（包含情報費的做法）。

他說一般房東在收不到租金的過程，能做的動作都只有「等待」，可是他都是換主動為被動，每次他只要收不到房租，他都會相對地要求房客做一個動作，作為續租的條件。

例如你每次準時交租，雖然是「同樣的租金」，他會幫你升等，例如「降低一個樓層」或者是「沒窗戶改成有窗戶」；但如果是一再地「拖欠房租」，他每一次都要要求付出「一個代價」，像是把「電視」還給他又或者是將「第四台連接設備」還給他（非房東自行的斷水斷電），最機車的地方，他會要求你「打包」，不管是「部分打包」或者是「全部打包」，最後的激烈手段是，他可能會「退給」你全部租金，甚至出

錢幫你叫貨車；只要你馬上把房間空出來，點交給他，他幾乎甚麼都可以商量。（在房客離開之後，還會通知房客父母，避免後續不幸的事情發生。）

也可以說，房東一但有「收不到錢」的「麻煩」發生，房客也應該「對等地」有「一些麻煩事情」作為「成本支出」，而且這中間沒有「僥倖」的可能性（「房東的有閒時間」是房客的「一百倍」，房東也沒有「日夜作息標準」可言。）。

換句話說，我們都知道如果沒有「準時繳房租」，我們的房東可能會出現在我們的教室門口（跟我們要課表的房東），又或者坐在我們宿舍的客廳裡面等候（雅房中的公區或客廳），當然也有的學生會選擇在外面暫住一夜，但這是很辛苦的一件事情，我們知道房東絕對會一直等下去（總不能躲一個月都不回去拿課本或交作業。）。

萬一我們讓房東「覺得」我們是「拖延繳租」的房客，不僅每一次的藉口都將換來更不便利的生活方式以外，他還會幫我們準備「紙箱」與「大型塑膠袋」，房東說他的樂趣之一，就是看到「不繳租房客」把東西打包，隨時處在搬家的壓力之下，最後才會將「支付房租」作為「最優先的支出順位」（寧可吃一個月的泡麵，也要將房租是「先繳出來」。）。

但如果他知道你是那一種「付不起房租」的房客，他寧可「付錢」把你搬走（很禮貌地請你走，並附上現金），也不願「一刻的拖延」，像他對「夜間部上課但白天上班」的房客就是這樣，一旦他發現這種房客白天還「宅在家裡」（套房裡），他就開啟「近距離觀察模式」與「特別關心模式」，畢竟在他的心目中，這一群人比較像是「爹不疼娘不愛」

的個案（沒有靠山），如果加入「打狗看主人」的這個偏見，這群人必須有更高的「自律標準與要求」。

最後，房東說，「他的最愛」是我們「這一群資訊管理研究所的學生」，一來我們有豐富的資源可以分享（軟體或貼圖），二來我們可以解決房東的「電腦故障」與「連線問題」，三來我們可以教房東的小朋友學習新的軟體與英語教學，四來我們還可以到補習班上課，用「講師費」來抵「房租」。（房東還開了一家電腦補習班與安親課輔中心。）

「包租公」的「盤算」

跟其他遇到的同業比較起來，我算是「簡單版的包租公」，既沒有「高財務槓桿」的「對賭」，也沒有「無中生有的二房東模式」，更缺乏的是「月租轉成日租」，又或者是「日租轉成時租」，所以還有「很多的學習空間」。

這些包租公的「算法」，前前後後我聽過幾次，但因為「我不求甚解的習慣」，很長時間內並沒有「很深刻的體會」，直到有一天發現這中間內有「深意」，所以拿出來與各位讀者分享，分別是：

1. 如果一年回本，一年賺六年，您願不願意加入？（二房東）
2. 如果滿租五個月就可以回本，您想不想賺其他的七個月？
3. 如果滿租50天就可以回本，您想不想賺其他的315天？
4. 如果談一個案子就是有300萬，您想不想談三個加起來是一千萬的事業？
5. 如果有一個客戶上門（VIP五萬元會員費），這個月的租金就回本，您想不想做這個事業？

據某一個「資深」包租公前輩說，當包租公可以是年租，可以是月租，可以是天租，更可以是時租（愛愛租或投幣式廁所），而房子除了可以租給人居住之外，可不可以做為其他使用，像停車場或者是為倉庫，像休閒農場或者是假日農場，像自動化攤車存放中心或是夾娃娃機廠主，像自動洗衣店或者是夜市攤商的一日三市，像K書中心或者是商務中心，像飲食中心或者是卡拉OK，像是投幣式舞蹈中心或是鋼琴練習中

心，最高的境界是把「房屋空間」經營成一個事業或是多個事業，這才是可長可久之道。

讀者們千萬不要輕忽筆者所提的問題，在筆者真正懂得業界二房東的操作技巧之前，也就是在十年前，我對二房東的獲利模式一直是以分潤的想法作為出發點，所以一直想不出一個「漂亮的解答」。

尤其是分母這個數值的決定，讓我走了一條很長的路，原因是：
分母＝房地產價值＋裝修支出成本。（買賣裝修支出vs.租差裝修支出）

我傻傻地以為要給房東一個「合理的報酬率」（作為說服房東的理由；其實房東「出租不出去」才是真正被拿來說服老房東的理由），所以一直算不出來一個滿意的數字。

其實二房東是不需要考慮房東的房地產價值的，因為這已經是「沉沒成本」，老房東因為沒有「買賣房屋的經驗」，所以沒有「估價」最為評估點，加上可能有些房屋根本就無法出租，所以沒有「相對的比較收入」，加上老房東沒有錢可以作為裝修支出，也不知道「市場上甚麼樣的利用方式」可以為承租人所「接受」；所以「分潤」這個「合理性會計假設」，不具二房東的報酬率的「參考價格」或者是「計算價值」。

反而應該以「裝修支出」這種「增支成本」，作為「保障獲利報酬率倍數的做法」來進一步「壓縮」或「蠶食」老房東的既有的必要報酬率。

所以說，先砍老房東「可接受租金」的兩成，在提高現有租金的兩成，就變成二房東基本分子租金差價的作法，如果再將裝潢金額壓低到零，二房東其實就是在做所謂的無本生意。

懂租屋市場行情的人可以賺到，M型兩端間的租金差價，也就是底下的
三個加總：

1. 市場高價。（增加的兩成）
2. 市場價與可接受租金間的差額。
3. 可接受租金與被殺價的兩成。

至於二房東的投資支出，是由租金差價的十二倍，也就是一年回本的概
念。

而二房東的「回本後的獲利」基本上是等於「租金差價乘以60個月」
（等於五年）。

換句話說，二房東其實「沒有虧本」的可能，就算二房東以「租屋市場
偏低價錢」出租，二房東也可以在「兩年後」收回「所有裝潢支出的成
本」；也可以說，萬一「二房東沒有裝潢支出」，也可以穩賺六年的二
年租金價差。

也就說，同一個問題從「理論上的分潤」無法得到「合理答案」的同
時，現實生活上竟然發展出可以為「大眾所可以接受」的「可行作
法」。

PS.

1. 「其他問題」也是一樣，請讀者們想像一下，以下的說法具有
   何種「深意」呢？
   (1) 如果一年回本，一年賺六年，您願不願意加入？（二房
       東）
   (2) 如果滿租五個月就可以回本，您想不想賺其他的七個月？

(3) 如果滿租50天就可以回本，您想不想賺其他的315天？

(4) 如果談一個案子就是有300萬，您想不想談三個加起來是一千萬的事業？

(5) 如果有一個客戶上門（VIP五萬元會員費），這個月的租金就回本，您想不想做這個事業？

2. 古語有云，「學而不思」則「惘」，「思而不學」則「怠」，願大家共勉之。

「踩一腳」進去的「後果與必要性」

「踩一腳」進去的「後果」很重要，這對我的人生來講有三部曲，分別是：

1. 「門外漢」變成是「門內漢」。（外行變內行，請看「0元包租公」一書）

2. 「有壓力」變成是「沒壓力」。

3. 「找錢」變成是「不缺錢」。（有想法就有現金，請看「智在法拍」一書。）

如果「我的人生」可以重來，我一定會「更早」一點「踩進去」，也因此可以豐富我的生命，也可以說我有太多的時間花在一些**很無聊的事情**上，像是滿足**我老闆的想法**，而不是「滿足我自己的想法」。（老闆有「很多層定義」，公與私的老闆，窮與笨的老闆，失敗與沒前途的老闆，一時與永遠尊敬的老闆，正面影響與負面影響的老闆，像公務員的老闆……等。）

如果只有「自己」去踩一腳也許是很痛，但如果有「許多人」一起去踩一腳，就算是有「損失」，也是只有「一點點痛」，其實「所學到的東西」更多。

在其他人的「包租公補習班」上，我訪問到一個學員，她說「她們補習班」把「整個包租代管的項目」，做成「內部的REIT作法」，也可以說就像是「創業」一樣，每一股多少錢的概念，透過「私契約」的做法來

分紅，彼此也可以「買賣」，最主要的好處是「每個月都有現金流」的方式，來「提領」現金。

目前包租公補習班吃貨的對象都是整棟式的透天公寓，藉由整棟式透天公寓的改裝，以避免掉「法規的限制」，也就是說每一樓層都是由補習班的學員一起出資搶購，彼此給彼此開一張所謂的套房改裝裝修同意書，用一個公司名義作為包租代管，私底下還可以每一個月派發租金收入。

其實補習班「團購」房地產的做法（群募或眾籌），在「法拍屋競標的做法」就做過一次（多間法拍補習班都有），但因為是每股10萬（或5萬），加上「買賣期間」太長（或醜到爆的保證獲利詐騙），學員不容易從「這個過程中」學到「東西」，所以比較像是「違法吸金」（這套路吳清溪（老虎團隊）與王派宏都玩過）。

可是現在「新的補習班」走的雖然是「相同的套路」，可是「現在有」「包租代管」做「金流的來源」，補習班在「每一個階段」都可以賺到錢（高額補習費、裝潢與包租代管），而學員在「短期內」也可以「分到錢」，所以「執行起來」相對上會比較「沒有那麼困難」。

被我訪問到的學員說，雖然她只出了小小的一筆錢，好像是五萬元，可是這整棟中古屋就像是她的產業一樣，從剛開始的現場勘查、到中間過程的裝修、到最後的「出租產生收入」，她每一個階段都可以「參予」，也就是說，只要她的時間允許，她就可以在這棟中古屋進出與學習，這裡的每一個「監工」與「參與學員」她都認識。

在「每一個月的彙報過程中」，整個工班與會計都會在「大教室」裡面

說明，說明「進度」與「滿租的狀態」（現金預算表），也可以說她雖然只有一個小股，但她就好像是「老闆」一樣，「同時」也跟「學生」一樣，可以問她「任何想問的問題」（補習班）。

同時，因爲每一個「撈錢」項目（眞的中古屋）的「未來發展」與「階段性」都不一樣，可以分到的現金「每一期」也都不一樣，所以她就可以「加價」，把她的這個小股賣掉，出脫成「現金」，再來決定參與「新的項目」（未來的新企畫或是提案）。

也可以說，她的「資金進出」非常有「彈性」，只要找「同樣參予在會議室的人」討論（都是「小額投資業主」），假設她開價五萬五千（初期投資本金是五萬），對方願意買就可以「成交」（到包租代管公司登記並提領餘額結清），至於「對方買賣」的理由有三，分別是：
1. 擴大「分紅」的「可分配現金流」。（股權越多比例越高，制度設計）
2. 擴大「股權的比率」以達到「獨立登記產權」的標準。
3. 「蠶食」到「鯨吞」的達成。（踩進去的概念，也等於「法拍屋優先購買權」的想法。）

也可以說「包租代管公司」只是個「管理單位」，預先分配「所謂的代租代管的收入」後，扣除費用後「其他的部分」歸於「所有的股權者的分配」，因爲其採現金基礎，所以是「每個月都可以提領現金」。

對「學員」來講，「不同的學員」也有多種「不同的學習目的」，有的只是「想參予學習」，有的是想「分配租金」，有的是想擁有「一間套房」，有的是想「擁有整層建物」（獨立產權），所以這些人就在這一段長時間裡，不斷地購買與賣出彼此的股份，藉以達到獨立產權登記的

目的，當然這個包租代管的公司永遠是這一家補習班。

所以聽說有「其他的學員」是以「學習」爲目的，「每一次參予的項目都不同」，「每一個參予的階段」都是「從頭開始」，從「月租套房」參與到「日租套房」，從一般住宅參予到酒店經營，從日租套房參予到時租套房；結果就在「不可確定因素」越來越小的情況下，以「過程中的最高價」賣出。（就像REIT的房地產股票的概念）

整個「訪問過程」看起來，應該是沒有「底下的弊病」：
1. 「違法吸金」的運作。
2. 「保障獲利率」的詐騙。
3. 「一屋兩賣」的設計。
4. 「記名產權」的詐騙。

整個「制度設計」，既有「預售屋紅白單買賣價差」的設計，也有「租金現金流的分配」，過程中有「多階段現場參與」與「課程設計」（又有「事前企劃」與「事後的收入報」告），加上補習班擁有「前面的高額學費」與「後面的包租代管收入」，只可以說「有這一套想法」的人是「非常聰明」的。

PS.

1. 更聰明的應該是作者我的火眼金睛，「兩個小時訪問」就可以知道對方賣的是什麼藥？
2. REIT眞的是「房地產產權的偉大發明」，沒想到也可以「非法盜用」。

「老屋」才有「魔術空間」

如果想做包租公的話，老屋才有魔術空間。

其實「傳統」的「房地產致富空間」有三個，分別是：
1. 預售屋紅白單高財務槓桿。
2. 法拍屋共有物的分割與多數決。
3. 老屋的魔術空間。

但第一者在2020年應該已經式微，但第二者因為技術難度太高，很多學習者還沒有內化成自己的能力，加上老師老的忘記自己講到哪裡，其實只有老屋的魔術空間才是包租公致富的重點。

換句話說，如果一個包租公自許是財務自由，寫出來的文章竟然是兩間「新成屋」的比較，不管是一個套房小坪數與兩房的次小坪數做比較，這中間是沒有魔術空間的智慧，只有貸款的知識（銀行坪數的定義）與普通買高賣低的想法。

套句行家的話說，如果沒有應用槓桿需要十年才可以買房，如果應用槓桿有機會在兩三年間還清所有的貸款，講到這裡，不知讀者是否感受到這間的技術含量。

換句話說，應用槓桿的目的除了可以放大投資報酬率的效果以外，還有一個更大的目的就是縮短長時間的等待。

這就像有一篇房地產的文章，應該有幾百萬瀏覽人次，上頭寫著「十萬元」也可以投資房地產。

可是就是沒有讀者問作者一個問題10萬元投資房地產是什麼意思？
這不會又是「房地產詐騙吸金」的另一種作法吧？
該篇的「暗示答案」有兩個，分別是十萬元是學費，十萬元真的是「吸金手段」。（還出自於王派宏後續子弟的嫡系。）

但業界真的有兩個正規的房地產投資團體，真的是講十萬元的奇蹟，分別是：

1. 十萬元買法拍屋的共有物，三個月的投報率100%，「年化投報率」就是4倍。

2. 「投報率加上分工」，別人是150萬的報酬率是15%，他的10萬的報酬率也是15%，只是別人負責購買與裝潢施工，她負責帶看房屋，這中間就有分潤的計畫與學習空間。

至於「投報率加上分工」的概念，就是事先把工作清單列下來，註明報酬的比率，同時把有知識成分的導師、實作者與備胎都寫下來，接著討論彼此的出資格，換句話說，如果參予的人有學習意願或者是房產專業，出多少錢都可以接受，最小的單位就是10萬，所有人的報酬率都是「出資金額」乘以15%，接著在事後印證，接著一棟一棟地做，把每一個學員都變成有「租金收入」的包租公，但請注意的是「這是應用老屋的魔術」。

講到這裡，我們來講用新成屋來做包租公，這中間的陷阱所在：

1. 北部投報率偏低，沒有淨現金流量的空間。

2. 新成屋的源頭是價格的壟斷者，不大可能給你出乎意外的甜頭。（預

售屋更慘。）

3.「新成屋高公設比」已經把改變「坪效的魔法」消失。

4. 新成屋無法一變多，做高投報率。

5. 新成屋不像中古屋有適合生命成長的周邊環境。

所以如果用一個包租公的提議，卻把所有人往預售屋銷售案場裡面「帶」，在2020年5月23日的今天，可能會是「擊鼓傳花」的另外一種形式的陷阱。

各位不知是否想過，「預售屋建案」為何會保證「前兩年」的「高額租金回報」呢？原因有四：

1. 羊毛出在羊身上，就像買1000元送500元一樣，現領500元兌換卷。

2. 兩年租金是建設公司給的，市場不給第三年。

3. 沒有「人頭」，則遊戲即將終止；建商需要的就是「人頭從銀行貸款中搬錢出來」。

4. 萬一新成屋落成，像新莊新都心，從「開案」每坪九十幾萬掉到「現在」每坪三十幾萬，這不是賺到「百分之一的利息」，卻賠了「百分之百的本金」嗎？

「預售屋團購早」就是行之有年的技巧，「購屋達人」可以帶，「網紅」可以帶，「團購達人」可以帶，今天只不過是換個「人」去帶，讀者就買單，不是很奇怪嗎？

請千萬記得作者「提醒」的一件事情，「老屋魔法」才是「包租公的致富核心」。

換句話說，「新成屋與預售屋」中都沒有「老屋魔法」，沒有「槓桿」，也沒有「老屋主對價錢的無知」，何來「違法隔套」呢？

論房地產估價的「N種技巧」

傳統的房地產估價技巧有三種，分別是：
1. 往過去成本看的重置成本法（比帳面成本法更進一步）。
2. 跟現在比較的市場法（請注意比較對象）。
3. 往未來看的投資報酬率法（淨現金流折現法）。

上述說法是為了「記憶」方便，而且這個是估價學課本上寫的，所以當我看到網路上有一篇文章寫的是房地產的六種估價方法，我的直覺就是這人腦中可能很混亂，還在整理之中。

筆者在乎的是包租公這個領域，所以我在乎的是老屋魔術變化，所以這三種技巧一旦扣除「土地開發算法」與「預售屋特有水平垂直價差」後，其實又回到了原先的三種傳統估價技巧。

就我個人所知，大多數的民眾卻是利用另外的三種估價方法，也就是：
1. 多個仲介的「兩問法」，也就是先以賣家用買家身分問，後以買家用賣家身分問，得出一個平均水準。
2. 多個貸款銀行的事先詢問，也就是估價與貸款成數的組合，先問就不會吃悶虧，至少可以肯定銀行心目中的價值。
3. 一百家房屋中選一家，這跟菜市場從頭走一圈的做法類似，多走幾個菜市場，鎖定一項，肯定可以買到「丟棄價」。

但在此，想跟讀者建議一個觀念，基本上「市場比較法」是一個有「系

統觀點」與「時間長度」的看法，必須同時與「區域中不同屋種」結合，更進一步的學習各位可以看「顏炳立」先生的書。

筆者也曾經遇到一些「問題屋」，讓「整件事情變得極為複雜」，但當筆者將「壓力的成分」拿開後，才發現「房價買賣」真的有所謂的「自主空間」。

舉例來說，想像一下，你把目前所住的房子拿出來賣，請問你要賣多少錢一坪，如果買家一點都不殺價，直接買，你敢賣嗎？（直接收訂金。）

接著我們來想像另外一種情況，如果有一間漏水屋要便宜地賣給你，很便宜接近市價的五折，你敢買嗎？

最後我來分享一個「憨膽」的故事。（笨笨的膽子。）

我某一個家的對面，住著一個老太太，我就看著她從一層樓吃下一整棟樓，接著跳開我這一棟，接著又從隔壁的一層樓一層樓吃下來，接著兩棟中間隔著我這一棟，希望我開一個價格，任何價格對方都可以接受，請各位想像一下，一個老太婆怎麼有能力做這樣的一件事情呢？

其實很簡單，她又是有多少錢做多少事，跟賭香腸一樣，每一次都壓下去一樣，剛開始她是一層樓整層出租，賺到了第一個年租金後，聽隔壁的說套房好賺，她就把這一筆年租金去裝潢套房，接著用每一年的套房租金來買下每一層房子，接著買下又用裝潢來傳套房租金，不久後就吃下了兩棟四樓公寓，接下來她就想把兩棟分開的四樓套房公寓變成「三棟」連續的四樓套房公寓。

反正這個老太太又不需要用錢（興趣不在環遊世界，也不在得道成仙），她存了多少錢，就把這筆錢「押下去」玩一個「更大的計劃」，對她來講，最大的損失就是這些用不到的錢，所以他的「累積淨現金流的速度」是從四間套房，變成八間套房，變成十六間套房，變成三十二間套房，最後變成六十四間套房，其實她的套路都一樣，只是再利用重複複製的手法，在我的觀點裡，沒有一點「技術含量」，至於她買房子的手段，其實就是你要賣多少，她就買多少，因為他的套房是往樓上樓下發展，她就是要買你的房子，只要你開價，她就從銀行搬錢給你，請注意她的月收入是六十四間套房，將近每月租金收入百萬，一年有一千兩百萬的現金收入，買你一層新北市中古屋均價一千萬來看（算什麼），她如果可以活到兩百歲（買個四百層樓不是問題），一樣是每年可以再多買一間，接著「每四年」變成「半年租金多買一間」，接著在「每四年」變成「三個月可以多買一間」，這個就是我說的「憨膽」。

但是看起來她這一輩子是沒有機會將「三棟打通成一棟」，原因是「不缺錢」最大；這就像是當初建商（高槓桿的開發商）在購買我親戚在南崁沿路店面的說法一樣，就是請你「隨便開個價錢」（陷阱包裝成糖衣），我親戚說我就是「不賣」，開什麼價格？（趕他出去，才避免了一場災難，更大片後面農地跌價的災難；聽說對「其他善良的農民」是「請吃飯還送小姐的劇烈攻勢」；鄉野傳說，請大家不用當真。）

結果整條中正路「沿路建地」都被買光，接著馬路後面的農地就只能被賤價出售，因為農地沒有路可以進出，這就是買一點點「高價」的小土地（數量少就不怕高價），坑殺你後面大片土地的作法。（高財務槓桿的死地做法。）

其實如果當初是購買「前面加後面」的「整筆土地」，「建商」（多

包租代管的「契約設計」不難

法拍屋的進階技巧,有很大的一部分跟「演戲」有關(請看智在法拍一書)。

其實「包租代管」也是一樣。

我有一個粉絲,突然有一天寫郵件給我,跟我要一份二房東的契約書,我手上剛好有「別人的版本」,但因為簽了保密協議,所以無法給他,但我想他既然看過我那麼多「創業契約設計」(這才是難度高的版本),這應該也「難不倒」他才對,這讓我聯想到三個故事,分別是:

1. 我撕了我的合約。
2. 我也曾經「上過當」,不經一事不長一智。
3. 有錢人的世界很小。

先講「第二個故事」,我曾輔導一個創業家,為了教會他讀懂被投資的陷阱,我拿了歷年來出版版權合約的版本給他看,希望他列出出版糾紛最常見的幾種情形,並把訴訟的可能結果寫出來,剛開始他真的是把他當作國文課本看,我只好請他唸十遍,後來經過一段期間後,他就會不經意地問我一些有趣的問題,像是:

1. 甚麼是你解約的「條件」?
2. 甚麼是你解約的「罰則」?
3. 你在大陸的版權收入為何要分給台灣的出版社?
4. 你在大陸的版權收入比例是作者多少比例呢?出版社又是多少比例呢?

5. 甚麼是你續約的條件與通知方式？

當他能問出這些問題的同時，我就請他列出創業過程中一定會遇到的困難狀態，接著請他找出並判斷某一個「特定合約」到底是有利於投資者或者是創業家，至此，他就真的懂了「投資協議」與「投資意向書」裡面所應該記載的內容，至此，再拿給他業界的標準投資協議版本（英文版且難一點的規範），他才真正懂得「投資攻防」中所應具備的「基本知識」。

接著講「前述第一個故事」，我為了「更大的餅」撕了「我的合約」，也曾為了不怕「更小損失」也撕了我的合約；想告訴大房東的重點是，其實跟我合作，你百分之百的放心，就算是跟我簽了「不利於你的合約條款」，我還是會保障對方的利益，我不願意為了「生意」而失去朋友；所以我的事業越做做大，朋友也越來越多。

我常開玩笑地對「聽眾」說，「你請律師幫你擬了這個合約，請問您看得懂嗎？」，我看過太多「一定打輸的合約」，律師可信？律師沒有菜鳥嗎？醫生不也是有開刀或婦產科的差別嗎？

有一次，我的手下算是把「某個大房東」惹毛了，接著我在計算一下「最高損失」之後，在他的面把合約撕爛，告訴他「現在我沒有證據了」，跟我做生意，就算你跟我簽了一份當初看不清楚某些特定條款的合約，我也不會真的將這一份合約當作刀子來桶你，「好聚好散」是我合作的最大原則，不要為「底下的人」傷了你我的和氣。

我跟手下說，「錢不見了，再賺就有了」；可是如果把客戶惹毛了，我一生的清譽就毀了，以後十萬元以下的損失告訴我就行了，至於十萬元

以上的損失還是「由我處理」；萬一這個客戶過於貪小便宜，下一個年度我們就不跟他簽合約，千萬不要為了這麼一點點小錢，跟任何人有任何爭執，對同樣的壞房客也是一樣，只要他願意搬走，我們什麼錢都退給他，「提前走」我們還可以「協助他搬家」，否則你要跟「連搬家公司的錢都給不起」的人「耗」，寧可花這個時間多開發幾個優質客戶，不是更有意義嗎？（「開源」比「節流」更重要。）

後來「眼尖的祕書小姐」再把合約「黏回去」的過程中，私底下問我，這份合約「好像」是掃描後再用彩色印表機列印出來的版本，我笑笑地說，有些時候，人要「演一下戲」（不然不會有效果），至於文件是要歸檔用的，黏回去也是做給客戶看的。（演戲但不能傷害歷史簽約文件，但我們真的不計較，願意高高抬起並輕輕放下。）

我接著說，上一次撕掉是因為對方身無分文，就算告贏了也沒有財產可以查封，不如就把付給律師與法院的二十萬，拿出五千元出來給搬家公司，這個也算是賺到。（退他的押金只是讓他救自己的命，快快離開，因為窮鬼會帶來瘟神，「有錢沒命花」是包租代管業的大忌，和氣才能生財。）

「這一次撕掉」則是這個「大房東」是非常有錢的，如果在第一趟「試用合約的過程」中，搞得「水火不容」，那怎麼會有機會承接他更多後續的項目（當初可花了好大的工夫才做到這筆生意），再說，如果這個大房東真的這個難搞，其他公司也會面臨更多的問題；而且據我的觀察，這件事情是我們的菜鳥過於死腦筋，我們巴結「老房東」都來不及，怎麼有可能因為這些小事來跟「大房東」過不去，他八成是把對方視作是不繳租金的小房客（瞎了眼）；這事情雖然是大房東的爸爸（老房東）誤傳，但老人家應該更值得尊敬，就算是誤傳也要賣給老人家面

子，這事情沒有「對錯」，照我說的去做。

我想說的是，只要是「跟朋友做生意」，合約一點都不重要，只要我們把「風險」控制在「可以承受的範圍內」，盡可能地不要浪費我們自己的「時間」。（「時間」才是我們這一行的賺錢工具。）

也就是說，「合約條款」要「簽的好」，而且要「設計精妙」，這個「保護自己用的」，不是真的「拿來對付朋友用的」（「朋友」才是「一生的資源」，「錢」卻是一個「死東西」，「吃不下」也「用不完」。）。

PS.

1. 筆者幫新竹中華路一帶的汽車旗艦店擬出一系列租地蓋屋的土地租賃合約（對方以我的版本做為同意標準，不夠我再加條款），各位讀者即可了解，這麼「難」的合約都可以簽得出來，「包租代管」算什麼有「技術含量」的合約呢？
2. 如何證明筆者「所言為真」，請調出「公證合約的影本」即可以知道「真偽」，公證地點都是新竹市法院，並請看「承辦人的印鑑」，就可知承辦人是否為筆者本人。

第64課

用你的專業來「擴展」包租公的事業

通常「問題」應該是「越處理越小」，如果「越處理越大」，代表不夠「專業」。

那「越處理越小」又代表什麼意思呢？這代表「階段性」與「問題明確程度」。（如何建立彼此的信任感也是非常重要的。）

其實很多人確實住在一個「有問題」的房子，可是你一點也不知道，為什麼呢？因為沒有人講給你聽，「問題的嚴重性」有多大。（筆者將在家父請的水電工「冷熱水管並排」（錯誤）的「二次施工故事」（老爸做重工）與各位讀者分享。）

有一天，我的好朋友來找我，希望我給他一個建議（那時我還沒有去職訓班受訓），原因是他家漏水，可是他已修過好幾次，每次都是十幾萬上下，可是問題一直沒有被解決，後來我建議他把房子借給我免費辦公室，我負責把他的問題解決，期限就是六個月，換句話說，如果我可以幫他解決，我就可以免費住六個月，如果不能幫他解決，反正這六個月期間也不算是很長的一段時間。（職業訓練班受訓免費，但需要基本筆試通過。）

接著我就搬進去這一個「會漏水的中古屋」，同時我申請到職訓水電班，那一個時候，我在職訓班聽過另外一班（空調班）的授課老師講過，「沒有人住的房子是最容易處理的房子」，所以我就暫時把辦公桌

辦到沒有漏水的角落，先用一個大洗澡盆作爲「接水」之用，再用一座「架高的梯子」頂住，接著我就過了一個月「無憂無慮的日子」，後來經過一個「大颱風」，產生「連大都會淹出來的水量」，我只好用了一條水管（洗澡盆旁挖個洞）將這些水排進去屋內浴廁的排水管，這樣又過了好幾個禮拜，畢竟梅雨季用什麼「防水施工法」都沒有什麼用，能做的只有「等」大太陽出現的日子。

後來終於等到了幾個「連續晴天」，我開始在屋頂上做「漏水測試」，我的作法是用壓克力防水條（矽利康封邊），把屋頂切割成十六個等位，用「色水的不同顏色」測試水到底是從哪一個「屋頂地板位置」流到「底層屋頂的位置」，後來鎖定了「位置」之後，把漏水部分的水泥去除（從屋頂），接著先將「漏水點」的結構補強，接著加上防水層，最後以瀝青油再塗一層，接著蓋上保護層的水泥（再塗一層更大面積的防水層），接著我把接水的洗澡盆擦乾，靜候著下一個梅雨季的到來。

好巧不巧，接下來的四個月都沒有漏水，這個算是我第一次用「我的專業」（學習中的專業）賺到「我的租金」，開啟了我之後的「契約設計+我的專業」來賺取「二房東的租金價差」。

後來透過朋友「介紹」，有一個朋友願意跟我「對賭一年」以處理他的漏水問題；換句話說，就是免費借給我一年，一年後將收回他的房子，但有增加一個「但書」就是，如果我眞的可以把他的漏水問題解決，他會額外再包給我一個五萬元紅包做爲謝禮，同時簽了約，並口頭上說明「考慮未來有機會讓我成爲他的二房東」，代理一切的「包租代管」事宜。

有了第一次的成功經驗後，這一次不僅可以住到「一年免費」的辦公

室，接著還有一筆可以實現的利益（有機會），我的做法就更為大膽，首先我就跟朋友「借工具」來從房子的內部防水針，確定了幾個月沒有漏水之後，大大方方地請幾個水泥工把屋頂的地板與女兒牆再做一次全面的塗布防水，結果後來屋主看到屋頂的「顏色」，以為我花了一筆大錢將屋頂層做了一次全面防水，硬要包給我「十萬元紅包」。

針對這件事情，「介紹的朋友」很不解地問我，為什麼對方既然有錢，不願意自己花錢請防水施工廠商過來打防水針呢？
我笑笑地跟他說明底下的幾個原因：
1. 可能有廠商的估價是五層羊毛氈防水工程的估價，這費用遠高於此。
2. 可能有廠商寫明要挖除頂樓樓板的水泥，但這並不保證可以解決問題。（保固一年太可笑了。）
3. 可能屋主不知道可以打防水針，也不確定漏水位置所在。（判定漏水原因是點防水、線防水或是面防水）
4. 可能屋主不了解屋頂層防水膜塗布的「價格計算方法」。
5. 可能屋主以前有「受騙」的經驗，「花了大錢」卻「無功而返」。

總之，這一次「有所不一樣的地方」在於漏水問題是「真的被解決了」（確定地被解決），經過幾次颱風後依然沒有「漏水的水氣」，所以屋主龍心大悅，又看到整個屋頂塗上了漂亮的顏色，覺得不應該讓「朋友」有所「損失」。

換句話說，如果漏水廠商真的是「很專業」，真的可以將漏水問題解決，差別只是在於「先拿錢」或者是「後拿錢」的順序；那麼查漏水廠商大可以跟屋主「對賭一下」；換句話說，就是「無效免費」，那廠商就可以跟我「賺到一樣的錢」，甚至還有一間免費的辦公室可以使用一年。

第65課

沒有100萬總有10萬

「包租公行動力」分成三個階段，分別是：
1. 沒有100萬，搬個200萬。
2. 沒有100萬，搬個10萬。
3. 沒有100萬，總有100元吧。

接著我要講一個故事，就是一對老房東希望他們獨生子「得以成家」的例子，這跟包租公有何關係呢？

有一對老房東與獨生子住在一個四房一廳的四樓公寓，有一天跑過來找我，希望我給他們想個辦法，他們的困擾有四，想一併解決這個問題，分別是：
1. 老人家已經「不容易」走樓梯了。
2. 想將老屋便套房，可是「沒有錢」可以裝修。
3. 想把老屋裝修卻又擔心「租不出去」。
4. 有沒有「機會」請我幫「他們的獨生子」介紹個女朋友。（我的聽眾幾乎都是上了年紀的人居多。）

我提出的說法，就是「包租公行動力的三階段作法」，我建議老人家暫時搬去跟女兒與女婿住個一年（女婿們都住電梯大樓），接著我們就以每一年創造50萬租金收入的方式，用這一筆結婚基金，再幫這個獨生子買一個新房，接著他們就可以準備「抱孫」了。

瞬間，「老頭子」聽不懂我在講甚麼，可是「老婆子」卻知道我在想什麼，接著說「那我們照著張老師的話去做」。

後來，我跟他們的獨生子說，今後你不可以在家裡洗澡（含上廁所），我已經跟你「樓下鄰居」講好了（三樓的同班同學），以後你去你同學的家「洗澡」與「上廁所」，每一次要給他100元現金（不可賒帳）。

後來我就把他們家「空下來的剩下三間雅房」貼上網去「招租」，並在招租條件上寫明希望是「百貨公司的櫃姐」，而且是「剛上台北找不到宿舍的櫃姐」，接著就請「我的老婆」去當「租屋仲介」，接著就把這三間雅房出租出去。

這件事情造成這個獨生子「很大的衝擊」，畢竟他很少跟女生講過話，但很快地就有房客來敲他的門，因為我老婆（包租婆）告訴「女房客」，這個獨生子兼具「兩個身分」，一個是「老房東的兒子」住在「最後面的那一間雅房」（進門左走是禁區，也就是女生專用衛浴）；另外一個「身分」就是「這層樓所有套房的管理員」，不管你在生活過程中有「任何的不順」或者是「不愉快的事情」，都可以找他（換燈泡、打蟑螂、清馬桶、倒垃圾），甚至「太晚回家的時候」可以把他當作「車夫」使喚（房客福利），也就是老房東會給他補貼油錢（「使用」越多「零用錢」越多），你們就把他當作「機車版的Uber」，還給他們兒子的手機電話（要求24小時不關機）。

一年後，老房東就利用「多賺到的50萬雅房租金」中「30萬」，在四樓後方的「天井花圃」另外「多蓋了兩間廁所」（原先就有一個廁所，加上房東兒子使用「樓下的付費衛浴」），接著開始「對外」宣稱這三間雅房是「特別設置的套房」，每一個雅房的租客都有「一支專屬的

廁所鑰匙」，所以「雅房租金的價格」又可以比「別人的雅房」高一點；「這後面幾年的租金」就是後來老夫婦「購買預售屋的頭期款來源」，接著用每「一年租金」繳「本金利息」（做法是買到一間大樓新成屋），因為有電梯的關係，加上後來小兒子真的因為「此事」而找到對象；目前老房東的收租模式是兩間套房加上兩間雅房，基本上都還是租給櫃姐，聽說「新的公寓管理人」改成「住在外面的老房東的年輕親戚」，其實大多數還是換換燈泡與打打蟑螂的小事；可是「因此」老房東夫妻在親戚眼中的地位大增（有媒人婆附帶功能）；至於目前「帶看租房的人」改成「兒媳婦」，這些都源於一個「可執行的構想」，也就是「包租公行動計劃的三個階段」。

（至於「欠一百萬」又為何要借「兩百萬」呢？重點有二，分別是「投資」可以「多借」，與「投資」也可以先借「未來將會付不出來的利息」來擋個「兩三年的不景氣」。）

後來有一天老房東又跑來「送禮」（茶葉禮盒），順便跟我聊起天來說，「奇怪的事情發生了」，他「簽約收租」的時候發現，怎麼這一陣子的女房客一個都比一個醜呢？是不是因為我老婆的審美觀念「比較好」？（「我老婆審美觀念好」是「無庸置疑」。）

我笑笑地說，那要看你的「兒媳婦」怎麼想？（百貨公司的標準沒有變啊！）加上你的獨生子已經「娶妻生子」，這些已經不是「很重要的考量」了。

「敬神而遠鬼」的「包租公」

奉勸所有房東給自己建三道「防火牆」：

1. 由「包租代管業者」管理「房客」。
2. 由「委託律師」發號「施令」。
3. 投保「房屋產險」。

（「設籍」與「個人資料防護」。）

至於敬「神」而遠鬼，講的就是窮人通常會有「滿腦子的鬼點子」，爲了避免他們「爲了錢」而「鋌而走險」（竊盜或搶奪；見錢眼開），最好的做法就是常與「大神」親近，不要給「窮鬼」有任何機會。

俗語說得好，「富拜拜窮算命」；年初有一天我陪著一個窮朋友去算命，剛巧那一天命相館沒有什麼客人，命相師「許」了一個「半價優惠」（第二個半價）；我就請他幫我看個紫微斗數與流年，後來他提醒我今年會有「車關」與「官司」上的糾紛；我心想，怎麼可能會有「官司上的糾紛」呢？（欠我錢的人，我都放過他了，我會有「官司」，奇事一樁；在我的認定裡面，「法拍屋」算是「律師」與「舊屋主」間的糾紛。）

有趣的是，這真的發生了，先是警察局要求我去「錄筆錄」，後來又來了一張台北新北地方警察署刑事傳票，搞了半年是一個「騎機車蛇行的婦女」告我「妨害名譽」。

實際的情況卻是這樣，這個婦女「一路蛇行」任意切換車道，而且是沒有注意「後方來車」的情況下，直接切出車道到我前面（就跟突然開車門的靜止車輛），我緊急煞車導致後方的機車撞到我，但因為「後車」知道是「隔壁車道」婦女的錯，我們就相互道歉，就繼續往前行進。

結果到下一個路口，這個任意切換快車道的婦人，在停等紅燈時，看到我的前面有一段「行車間安全距離」，想把車「切橫」擠進到我的車道前面，所以我就把機車「推」向前，「停止兩車安全距離」沒了，她只好「恢復直行」。

沿路（中正路），這個婦人就是從「慢車道」切到「快車道」，從「快車道」切到「慢車道」，接著又從「慢車道」切入「快車道」（切換車道似的鑽來鑽去，行車也鑽，靜止更鑽，「啟動時鑽」最是「可怕」。

也正因為「新莊中正路上班時」的「機車流量」太多了（每一排機車都前面貼著後面），到「下下的路口」她又朝我這邊「超車」過來，可是我機車在前面位置，而且我是直行，只要我「不留行車安全距離」，她根本就沒有機會可以這樣「鑽來鑽去」，我認為只要我的車子在前面，遠離她，這樣我就不會「再次被後頭的機車追撞」（「緊急煞車」都是為了這台突然轉出來的機車；按喇叭，她還是「繼續切出來」，創造「你是後車追撞她」）。

沒想到最後一次，她在後頭，竟然緊貼著我的機車切向我（我後面的機車也不想讓她鑽來鑽去），我就勸導她不要「鑽來鑽去」，但她一點歉意也沒有（更沒有道歉，好似「我因為她被撞」是「活該」），正是因為忙著赴約，往後她也沒有跟上我的速度，接著我就忘記這一件事情，沒想到她這個「肇事逃逸的機車騎士」竟然告我「妨礙名譽」（她把

她頭上側錄器的影像交給警方，主張我在馬路車道停停等等的過程中對她「妨礙名譽」；針對此我告訴警方，這時身旁的所有機車騎士都沒有人出面替她出持公道的原因，就因為她是車陣流量中的敗類；這裡是台灣，我後面還載著一個女性乘客，這時整個警察局的警察與義工都在笑，只能說是我倒楣）。

為此我要到金城路二段249號偵查大樓報到（2020年11月12日）。

順便到城隍爺廟拜拜，感謝神明的保佑，可以大事化小，小事化無。

請注意，那一天剛好是臨時起意「載」朋友一程（圖個方便），也可以說大部分的時間如果不是坐捷運，就是有朋友開車載我一起出遊，我沒有打卡的問題，也不須搶在那一個時間點上班，接著就產生一場災難（官司與車關）。
真是人有「旦夕禍福」，只差在「來早」與「來遲」（又稱「無常」）。

最後奉上包租代租業者的「警告」，房東千萬不可讓房客知道「你是誰」，也不要接觸到房客；因為包租代管是實際房地產的專業經營，想一想「房客打電話給房東」會有什麼「好事」呢？不外是：
1. 有麻煩事情發生。
2. 無法準時交租。
3. 無法順利搬遷。
（搞不好要跟你借錢！）
這些事情本來就是「包租代管業者的管理項目之一」，最後包租代管業者會慎重且貼心地提醒房東，「有哪一家五星級的大飯店會把董事長的電話寫在飯店的大門口上？」。

所以請「設籍」在一個「**房東自己都不會出現的地方**」；連拿「掛號信的這種小事」，都叫「助理去」拿；我想「您的助理」應該不會「透漏你是誰」或是「在哪裡出入」；但保全人員「會」、街坊鄰居與長舌婦都「會」；所以「常保安康」是「有技巧」的，俗語說「敬神鬼而遠之」，其實是敬「神」而遠「鬼」，「鬼」其實就是「不講道理的人」與「窮到無法想像的人」，「窮鬼的見錢眼開」其實就等於「包租公的死於非命」，「燜聲發大財」如果加上「錢不露白」與「前述的四道防火牆」，才有機會承歡膝下，子孫滿堂。

「有錢有閒的人」還是等於
「一本沒有歷史地位的書」

快樂是什麼

「快樂」其實等於「更多幸福感」加上「更少痛苦」。

那「金錢」在這之中「扮演」什麼角色呢？

更多幸福感

金錢可用來「消災」，也可以說是「減少痛苦」。（消極面）

但「金錢」沒有辦法買「幸福感」，太多「用在自己身上的幸福感」會產生很多的「副作用」，但「用在別人身上」的幸福感，則可以「持續」且「附帶」產生「自我幸福感的感覺。（積極面的應用巧思）

所以說，「有錢的人」不見得會比「沒有錢的人幸福」，指的就是上述幸福感的「巧思」，當然如果拿來賭博與嗑藥，就是加速死亡。

更少痛苦

但「有錢人肯定比沒錢人快樂一點」的原因在於「金錢可以用來**減輕痛苦**」。

用錢的巧思（有錢之後）

舉一個例子來說，我有一個好朋友，每天早上我運動（清晨五點）回家時候，有時候會在他的店面裡面喝茶，看著他的小孩跑上跑下的找制服，我都覺得這一群人真的「很沒有自律的習慣」，結果一整棟透天的四層樓就在這種「罵來罵去的氣氛中」渡過（每一天）；原來兩件小小的制服，一件是校服，另外一件是運動服，就可以把一家四代搞得雞飛

狗跳，也就是說，小孩心裡不舒服，媽媽、奶奶與曾祖母都不舒服，連帶第三代男主人都不舒服；後來我看了一下校名，看到這個小孩子的學號，我各買兩套送去給我的好朋友（包含繡好學號），換來兩大包珍貴的茗茶，其實不僅「賺到人情」（制服比茗茶便宜），在金錢上我也沒有吃到虧，甚至還讓這個小孩主動提出「幫我家的小朋友盯功課」，畢竟有一個前三名的小姐姐自願幫我家的小朋友輔導（帶小孩子去他家寫功課），我也可以多一些「忙裡偷閒」的時間，這一段講的就是「錢可以減少痛苦的作法」。

「只用錢解決」=「沒有智慧的解決方式」

有一次，筆者去參加一場演講，講者提到他一個「個人無中生有」的例子，他說什麼都可以用「群募」，金錢可以用「群募」達成，人脈也可以用「群募」達成，知名度可以用「群募」達成，作品數量也可以用「群募」達成。（創意可以用群募嗎？）

講得好像是「群募」可以「解決所有的事情」似的。

但可能是因為筆者對「出版業」非常熟悉，我的問題有四，分別是：

1. 出版一本書是一筆「非常小的金額」，需要群募嗎？
2. 臨時把「一百個人的群募文章」放在一起，是一本「值得閱讀」的書嗎？
3. 拿來「拍攝群募的訴求影片與劇本費用」搞不好比「出版全部費用」都還高，這不是捨本逐末嗎？
4. 這一本書有人會「買」嗎？有「歷史存在價值」嗎？

（就我的理解，這本書沒有再版且沒有再刷，其價值就跟自嗨的畢業紀念冊差不多，真的是一本無中生有的書，同一時間內產生作者、讀者與出資人，其實就是這一百多個人「各寫一篇文章」。）

「有錢=解決所有事情」的「虛偽假設」

「出版」其實不需要「群募」，「出版」是一件自己可以「投資自己」的事情（更重要的是投入時間，兩本書就是24萬字）。

與其花時間去學會「寫腳本」與「拍攝影片」，還不如現在就開始寫一行可以感動自己的故事與心得，就像把「找投資人」放在「創業」之前，等到投資人同意考慮你的項目提案之後，才發現這個新創項目一點都還沒有開始，這不是浪費兩者的時間。

所以我習慣對聽眾說，「想像」老師現在就投資你，不需要任何條件也不需要任何的提案限制，只要滿「十萬字」，我就「付錢」。

也就是十萬字加上「自己的錄音檔放在Youtube網路」上，我就「付錢」。

接著「問題」就出現了，可是「問題」會在哪裡？問題不在「寫十萬字」（簡單），難在把這整本書唸完「放在Youtube網路上並冠上自己的名字」，難在「這是一件很丟臉的事」（「我願意付錢」才是「最不需要關心的事情」）。

如果「每一個人」都像是「一本書」的話

有人說，看書就像是看進作者的心裡；「看書」也像是「多認識一個新的陌生人」，也許有人在乎的是形形色色的表面與花樣，也許有人在乎的是「越多越好的數量多寡」；我卻在乎的是看完一本書後，對每一個人所產生的後續影響，在「闔上書本之後」，您是否還會記得有這樣的一本書（同時產生行動力量）。

「學習包租公的目的」應該是讓自己「更有價值」（不只是「活得很好」的「吃得肥肥，妝個槌槌的無用之人」）。

請各位問「自己」，當你有錢之後，您想成為「什麼樣的人」？這才是真正的「英雄開始之旅」。

國家圖書館出版品預行編目資料

包租公筆記本2／張明義、蕭子軒著. --初版.--
臺中市：白象文化事業有限公司，2022.5
　　面；　公分
ISBN 978-626-7056-92-9（平裝）
1.不動產業 2.投資
554.89　　　　　　　　　　　110020859

包租公筆記本2

作　　　者　張明義、蕭子軒

校　　　對　張明義、蕭子軒

發 行 人　張輝潭

出版發行　白象文化事業有限公司

　　　　　412台中市大里區科技路1號8樓之2（台中軟體園區）

　　　　　出版專線：（04）2496-5995　　傳眞：（04）2496-9901

　　　　　401台中市東區和平街228巷44號（經銷部）

　　　　　購書專線：（04）2220-8589　　傳眞：（04）2220-8505

專案主編　林榮威

出版編印　林榮威、陳逸儒、黃麗穎、水邊、陳婕婷、李婕

設計創意　張禮南、何佳誼

經紀企劃　張輝潭、徐錦淳、廖書湘

經銷推廣　李莉吟、莊博亞、劉育姍、李佩諭

行銷宣傳　黃姿虹、沈若瑜

營運管理　林金郎、曾千熏

印　　　刷　基盛印刷工場

初版一刷　2022年5月

定　　　價　350元

白象文化
www.ElephantWhite.com.tw

印書小舖
PRESSSTORE出版個記

出版・經銷・宣傳・設計

自費出版的領導者

購書 白象文化生活館